AF248402

ÉCLAIRAGE AU GAZ

DE LA ZONE ANNEXÉE A PARIS

Par la loi du 16 Juin 1859.

PROPOSITIONS

DE LA

COMPAGNIE PARISIENNE D'ÉCLAIRAGE ET DE CHAUFFAGE PAR LE GAZ.

RAPPORT DES INGÉNIEURS DU SERVICE MUNICIPAL.

NOTES A L'APPUI.

PARIS,

IMPRIMERIE ADMINISTRATIVE DE PAUL DUPONT.

Rue de Grenelle-Saint-Honoré, 45.

1860

4766

EXTENSION

DES

LIMITES DE LA VILLE DE PARIS.

L'extension des limites de Paris rend nécessaires des modifications au traité du 23 juillet 1855, conclu entre la Ville et les diverses parties représentées aujourd'hui par la Compagnie Parisienne d'éclairage et de chauffage par le gaz.

Toutefois, ces modifications ne peuvent avoir pour objet, ni de changer les conditions fondamentales du traité, ni d'altérer en quoi que ce soit les garanties réciproques qui y sont stipulées.

Le traité de 1855, en excluant de Paris les usines à gaz, les a affranchies par là même de tout droit d'octroi.

Le droit exceptionnel stipulé au profit de la Ville sur le gaz consommé *dans Paris* est perçu directement par la Caisse municipale, suivant un mode réglé par M. le Préfet de la Seine, d'accord avec la Compagnie.

Ainsi, toutes les matières consommées dans les usines et tous les produits des usines consommés *hors de Paris*, se trouvent exempts de droits, et pour ceux de ces produits, autres que le gaz, qui sont consommés *dans Paris*, les droits sont perçus aux barrières.

Tel est, en ce qui concerne les usines et l'octroi, le régime créé par le traité de 1855.

Mais la loi qui vient d'être votée reculant les limites de Paris à l'enceinte fortifiée, les usines à gaz vont se trouver comprises dans le rayon de l'octroi. Or, pour que cette mesure puisse se réaliser, sans porter atteinte aux intérêts garantis par le traité de 1855, il faut appliquer aux usines le régime de l'entrepôt réel, et y organiser l'exercice de l'octroi, de telle sorte que, pour la Ville comme pour la Compagnie, les bénéfices et les charges stipulés au contrat soient intégralement maintenus. C'est dans ce sens que doit avoir lieu la modification relative à l'octroi.

Ce qui importe maintenant à la Ville et à la Compagnie, c'est d'examiner comment pourront se réaliser les conséquences de la loi d'extension des limites de Paris en ce qui touche le service de l'éclairage au gaz dans la zone annexe.

En concluant le traité de 1855, la Ville a voulu en restreindre l'application dans l'enceinte actuelle de Paris. C'est dans cette pensée qu'elle a limité le capital de la Compagnie à 55 millions, sans aucune prévision de la mesure qui devait étendre les limites de Paris. La Compagnie serait donc en droit de poursuivre isolément l'exécution de ce traité sans se préoccuper du service de la zone annexée. Cependant il faut reconnaître que la division de la fourniture du gaz dans la nouvelle enceinte de Paris serait contraire au système d'unité si formellement stipulé dans le traité de 1855 par l'Administration municipale. Ce fut, en effet, pour assurer à la Ville les avantages de l'*unité* dans le service du gaz que l'Administration imposa aux Compagnies l'obligation de *réunir* leurs exploitations, et de *fusionner* leurs intérêts de manière à ne plus composer qu'*une seule et même Société*.

Le besoin de cette unité, qui avait été jugée si désirable pour l'ancienne enceinte de Paris, n'est pas moins grand en ce qui concerne la zone annexée.

Toutefois, il est aisé de se rendre compte que cette exploitation sera d'abord onéreuse ; elle exigera un nouveau capital, et ses produits ne pourront de longtemps en compenser les charges.

Aussi cette entreprise ne peut-elle être offerte à personne à titre de spéculation. La Compagnie Parisienne seule, à raison de son service actuel et de la situation de ses usines, est en mesure de s'en charger sans imposer de sacrifices actuels à la Caisse municipale ; elle acceptera ainsi une tâche lourde ; mais elle aura obéi aux devoirs de sa position en donnant son concours à la Ville de Paris pour la réalisation de la mesure importante que la loi vient de sanctionner.

Avant d'exposer les propositions de la Compagnie, il est nécessaire d'expliquer l'état de choses qui existe actuellement dans la zone annexée, en ce qui touche la fourniture du gaz.

Dans la partie de la banlieue comprise entre l'enceinte actuelle de Paris et l'enceinte fortifiée, la voie publique, sur une longueur de 168,000 mètres, a été canalisée successivement par trois Compagnies.

Par la Compagnie Parisienne.......................... 101,000ᵐ
Par la Compagnie du Nord........................... 47,000
Par la Compagnie de l'Est........................... 20,000

Ensemble.............. 168,000ᵐ

Et par suite d'une récente convention qui sera communiquée à M. le

Préfet de la Seine, le périmètre de la Compagnie de l'Est sera, à partir du 1er juillet prochain, réuni à celui de la Compagnie Parisienne.

Ainsi, la Compagnie Parisienne possédera dans la zone annexée une canalisation de 121,000 mètres.

Par les mêmes motifs qui l'ont déterminée à traiter avec la Compagnie de l'Est, la Compagnie Parisienne est disposée à faire avec la Compagnie du Nord une convention analogue; mais on ne s'est pas jusqu'ici entendu sur les bases de cette convention. Cette entente n'est possible qu'avec le concours de l'autorité municipale.

En effet, la situation de la Compagnie du Nord est essentiellement précaire; le périmètre de cette Compagnie, dans la zone annexée, se compose de trois communes :

De Montmartre ,

La Chapelle ,

Les Batignolles.

Or, son traité avec la commune de Montmartre se trouve annulé par le fait de l'annexion, et avec les communes de Batignolles et de La Chapelle, ses traités expirent dans quatre ans. La Compagnie du Nord ne pourrait donc aujourd'hui transmettre à la Compagnie Parisienne que des traités sans durée et par conséquent d'une faible valeur.

L'agrément et l'intervention de M. le Préfet de la Seine sont donc indispensables pour permettre à la Compagnie Parisienne de traiter avec quelque sécurité des conditions de sa substitution à la Compagnie du Nord.

Mais, soit qu'une transaction intervienne aujourd'hui avec la Compagnie du Nord, soit qu'on se trouve dans la nécessité d'attendre l'expiration des traités de cette Compagnie, l'unité du service du gaz pour l'enceinte nouvelle de Paris doit être admise dans les calculs qui vont suivre, comme devant être nécessairement réalisée. Dès lors les propositions de la Compagnie supposeront la transaction avec la Compagnie du Nord comme étant un fait accompli, et elles s'appliqueront à l'intégralité du périmètre.

Une première question se présente tout d'abord.

Qu'adviendra-t-il des traités conclus entre certaines communes et la Compagnie, traités en cours d'exécution, et dont la durée ne doit expirer que dans les délais ci-après ,

SAVOIR :

Commune d'Auteuil.............................⎫
   —   de Gentilly..............................⎬ dans 3 ans.

Commune de Grenelle ....⎞
　　—　　de Vanves ....⎪ dans 4 ans.
　　—　　de La Chapelle....................⎪
　　—　　de Batignolles....................⎠
　　—　　de Bercy.................... dans 8 ans 1/2.
　　—　　de Charonne.................... dans 11 ans 1/2.
　　—　　de Belleville.................... dans 15 ans.

Tous ces traités ont été régulièrement contractés; ils sont revêtus de l'approbation de M. le Préfet de la Seine, et ils engagent dès lors pour *toute leur durée* l'Administration qui va succéder aux communes.

Cependant leurs dispositions sont loin de se prêter aux exigences de l'annexion. Le développement de la canalisation y est partout subordonné à l'importance des consommations de gaz, et la plupart de ces traités stipulent pour la vente du gaz des tarifs plus élevés qu'à Paris.

La Compagnie, au point de vue de l'Administration municipale, ne suppose donc pas que ces traités puissent être maintenus; il ne lui paraît pas possible que les charges et les bénéfices de l'annexion soient inégalement répartis dans certaines sections de la zone nouvelle, et elle pense qu'à l'égard des tarifs la Ville de Paris ne renoncera pas, même temporairement, au système d'uniformité.

La conséquence à tirer de cette opinion est que la Compagnie, dans ses propositions à la Ville doit faire aux convenances municipales le *sacrifice complet des avantages* qu'elle obtiendrait de l'exécution pure et simple des traités existants, et que le premier article du traité nouveau doit stipuler leur résiliations.

Cette première question sera donc résolue par la Compagnie, au moyen de l'abandon qu'elle fera du quart de ses recettes dans toutes les communes où les anciens tarifs sont restés en vigueur.

Maintenant à quelles conditions exceptionnelles la Compagnie peut-elle entreprendre la fourniture du gaz dans la zone nouvelle, en acceptant pour ce service les conditions générales du cahier des charges actuels?

La zone nouvelle, en ce qui touche les consommations de gaz, se divise en deux parties très-distinctes : celle qui est habitée et celle qui ne l'est pas; celle dont les voies publiques sont déjà canalisées et où le gaz est installé, et celle où les voies publiques ne sont pas même complétement tracées et où le gaz n'a trouvé aucun consommateur.

L'ensemble des canalisations que renferme la première est, comme on l'a vu, de 168,000 mètres, et les consommations y ont atteint, en 1858, la proportion moyenne de 41 mètres cubes de gaz par mètre courant de conduite.

Si cette banlieue canalisée devait conserver toute sa population, la Compagnie qui lui fournirait le gaz trouverait, dans le progrès des consommations, une rémunération suffisante. Mais l'annexion aura-t-elle ce résultat et n'amènera-t-elle pas, au contraire, le déplacement de toute la partie de la population qui n'habite la banlieue que pour s'exempter des charges de l'Octroi ? Ce sont là des doutes, des incertitudes dont la solution appartient à l'avenir.

Quant à la partie de la banlieue qui n'est pas canalisée et qui, dans sa plus grande surface, n'est même pas habitée, la Compagnie parisienne, dans l'ignorance où elle est encore des projets de l'Administration, n'a pu que consulter le programme de l'annexion, tel qu'il se trouve formulé dans les rapports officiels de M. le Préfet de la Seine.

La Compagnie ne met pas en doute qu'après avoir arrêté l'aménagement et le tracé des voies publiques de cette nouvelle partie de Paris, l'Administration municipale n'en exige la canalisation. L'éclairage public y sera d'abord installé ; or, l'éclairage public, alimenté de gaz à 0 f. 15 c. le mètre cube, ne produit pas de bénéfice, et il exige cependant en canalisation et en usines, du chef de la fabrication seule, des dépenses qui ne sont pas moins considérables pour des consommations restreintes et stériles que pour des consommations importantes et fructueuses.

Cette charge onéreuse de l'éclairage public ne pourra être compensée que par les fournitures de gaz aux particuliers, au prix de 0 fr. 30 c. le mètre cube. Mais quand et dans quelles proportions ces fournitures seront-elles obtenues ? C'est là encore un problème que la Compagnie n'a cherché à résoudre que par des conjectures.

En résumé, dans le réseau canalisé, la fourniture du gaz par la Compagnie Parisienne aux conditions des derniers traités conclus avec les communes, sous l'approbation de M. le Préfet de la Seine, serait productive de bénéfices.

Dans l'autre réseau, au contraire, et c'est le plus étendu, l'installation et la fourniture du gaz donneront lieu à des pertes considérables, et cela probablement pendant une longue période de temps.

Pour asseoir les bases et apprécier les risques de la proposition qu'elle est disposée à faire à la Ville, la Compagnie Parisienne a dressé trois Tableaux évaluant les charges et les bénéfices du service du gaz dans la zone annexée, pendant les douze premières années de l'annexion, du 1er janvier 1860 au 31 décembre 1871.

PREMIER TABLEAU.

RÉSEAU CANALISÉ (168,000 MÈTRES).

Le premier Tableau suppose l'exploitation isolée du service du gaz dans le réseau déjà canalisé sur un développement de 168,000 mètres.

Les dépenses de premier établissement y sont évaluées ainsi qu'il suit :

La canalisation remaniée dans les conditions de celle de Paris à 17 fr. le mètre ;

Les usines, proportionnellement à leur puissance de production annuelle de gaz et dans la proportion de 500 fr. par mille mètres cubes de gaz.

L'expérience a démontré l'exactitude de ces évaluations.

En ce qui touche l'exploitation, on a pris pour point de départ les consommations de gaz en 1858.

Ces consommations se sont réparties comme suit :

COMPAGNIES.	ÉCLAIRAGE particulier.	ÉCLAIRAGE public.	PERTES de gaz.	TOTAL.
	m. c.	m. c.	m. c.	m. c.
Compagnie Parisienne.	3,182,000	908,000	1,342,600	5,432,600
Id. du Nord...	1,866,000	380,000	728,500	2,974,500
Id. de l'Est. ..	594,000	42,000	103,000	739,000
Totaux........	5,642,000	1,330,000	2,174,100	9,146,000

Mais l'éclairage municipal ne figure dans ces consommations que pour 1,330,000 ^{mc}, ce qui correspond à 2,600 lanternes de 2me série brûlant 140 litres de gaz à l'heure et espacées *de 64 mètres.*

La Ville ne voudra pas, sans doute, laisser l'éclairage municipale de la nouvelle zone dans un tel état d'infériorité. Or, pour réduire l'espacement des lanternes à 35 mètres, comme à Paris, il faudra 4,728 lanternes, ce sera en plus 2,128 becs de 2me série, qui ajouteront annuellement à la consommation de gaz une quantité de 1,087,408 mètres cubes.

Quant aux consommations des particuliers, on sait qu'elles se sont élevées rapidement à Paris et dans la banlieue, par suite de la réduction de prix du gaz opérée en 1856; mais cette augmentation est déjà en décroissance : après avoir atteint le chiffre de 18 p. 0/0 en 1857 et 11 p. 0/0 en 1858, elle ne paraît pas devoir dépasser 6 p. 0/0 en 1859. On a admis néanmoins, malgré les apparences contraires, qu'elle se maintiendrait jusqu'en 1864, avec déclin annuel de 10 p. 0/0.

C'est sur ces données que le Tableau, à l'époque du 1er janvier 1859, (colonne 2), évalue à 7,429,050 fr. le capital de 1er établissement, représenté alors par :

1° Une canalisation de 168,000 mètres à 17 francs le
    mètre.. 2,856,000 fr.
2° Des usines d'une puissance de 9,146,100 mètres
    cubes de gaz à 500 francs par mille mètres
    cubes.................................... 4,573,050 fr.

                   Ensemble...... 7,429,050 fr.

Et que ce capital, successivement accru des dépenses d'usines correspondant aux augmentations de consommations de l'éclairage particulier (colonne 3) et de l'éclairage public (colonne 4), se trouve porté en 1864 (colonne 5), à................................. 8,616,726 fr.

Ce premier point fixé, le Tableau présente ensuite les résultats de l'exploitation.

Il indique annuellement avec leurs progressions :

Les consommations présumées de l'éclairage particulier (colonne 6), et de l'éclairage public (colonne 7);

Les absorptions de gaz par les pertes, dont la constatation porte le chiffre à 13^{mc} 70^c par mètre courant de conduite, moyenne constatée (colonne 8);

Enfin la production totale de gaz (colonne 9).

Puis il applique aux quantités de gaz produites le prix de revient moyen de 0 fr. 135 par mètre cube (colonne 10); mais ce prix de revient, ne comprenant que les débours réels de fabrication, doit s'accroître d'une allocation d'intérêts et de bénéfices au profit du capital engagé. Cette allocation, la Compagnie n'a pas cru devoir la maintenir au niveau des bénéfices actuels; elle l'a réduite à 9 p. 0/0, et c'est à ce taux seulement qu'elle figure au tableau (colonne 11). — La colonne 12 résume les dépenses.

D'un autre côté, les produits de la vente du gaz, tant pour l'éclairage public à 0 fr. 15 c., que pour les consommations des abonnés à 0 fr. 30 c., figurent dans les colonnes 13, 14 et 15.

Enfin la colonne 16 indique les bénéfices.

On a compris déjà que, dans les éléments de ce compte, ne figure aucune taxe au profit de la Ville.

DEUXIÈME TABLEAU.

RÉSEAU A CANALISER (232,000 mètres).

Le deuxième Tableau met en relief les résultats hypothétiques d'une exploitation isolée de la fourniture du gaz dans le réseau à canaliser.

Paris, dans ses limites actuelles, avec une superficie de 3,288 hectares, contient 520,000 mètres de conduites de gaz. La zone annexée a une superficie de 3,800 hectares. La proportionnalité appellerait une canalisation de 600,000 mètres, mais la Compagnie l'évalue seulement à.. 400,000 m.

Déduisant de ce chiffre les conduites déjà établies..... 168,000 m.

Il resterait à canaliser........ 232,000 m.

La Compagnie suppose que cette canalisation sera effectuée successivement par huitième, d'année en année, et que l'éclairage public sera installé à mesure de l'établissement des conduites.

Les dépenses de canalisation se trouvent ainsi réparties en huit années et par portions égales, mais il ne peut en être de même pour les dépenses d'établissement d'usines. Bien que ces dépenses soient proportionnelles à la quantité de gaz à fournir, elles ne comportent ni la même répartition, ni les mêmes délais; il faut acquérir d'avance les terrains nécessaires au développement ultérieur, construire les principaux bâtiments, établir les machines, faire les aménagements en vue de l'avenir. Les dépenses du chef des usines pèsent donc en très-majeure partie sur les premières années.

Pour fixer le chiffre de cette portion du capital de premier établissement, il faut d'abord évaluer les quantités de gaz à fournir, tant à l'éclairage public qu'à l'éclairage particulier et aussi les quantités de gaz absorbées par les pertes.

Ces évaluations ont été faites ainsi qu'il suit :

1° *Eclairage public.*

Sur une canalisation de 232,000 mètres, les lanternes publiques, à distance moyenne de 35 mètres, seront au nombre de 6,640.

Ces lanternes de deuxième série, brûlant chacune 140 litres de gaz à l'heure, et pour 3,650 heures, 511 mètres cubes donneront lieu à une consommation annuelle de 3,393,040 mètres cubes de gaz.

2° *Éclairage particulier.*

Les Compagnies se sont empressées de canaliser dans la banlieue toutes les voies publiques où elles pouvaient espérer une consommation suffisante pour rémunérer le capital. Elles ont même été plus loin : cédant aux sollicitations de MM. les maires, elles se sont contentées souvent d'une consommation moindre.

La Compagnie fait donc une appréciation hardie des progrès à espérer dans cette nouvelle partie de Paris et de l'impulsion qui sera donnée à son développement par l'Administration municipale, en supposant que, sur la nouvelle canalisation, il sera obtenu une consommation particulière de 10 mètres cubes de gaz par mètre linéaire de conduite et par année, et qu'à la fin de 1871, cette consommation aura atteint 15 mètres.

3° *Pertes de gaz.*

On a déjà vu dans le premier Tableau que les pertes de gaz y sont comptées à raison de $13^m 70$ par mètre linéaire de conduite et par année.

Ces pertes sont parfaitement connues ; il n'y a rien de conjectural dans leur appréciation.

En 1858, elles se sont élevées dans le réseau de la Compagnie Parisienne (Paris et la banlieue) à 8,526,823 mètres cubes de gaz pour une longueur de canalisation de 623,000 mètres.

C'est donc bien réellement $13^{mc} 70^c$ par mètre de conduite.

RÉSUMÉ DES CONSOMMATIONS DE GAZ DANS LE RÉSEAU A CANALISER.

1° Éclairage particulier (colonne 6 du Tableau)...... 3,480,000^{mc}
2° Éclairage public....(colonne 7)............... 3,393,040
3° Pertes de gaz......(colonne 8)............... 3,178,400

Ensemble (colonne 9)....... 10,051,440^{mc}

D'où il suit que le capital de premier établissement
(colonne 5) s'élèvera à...................... 9,040,000 francs.

Savoir :

1° Canalisation de 232,000 mètres à
17 fr. l'un.................. 3,944,000 fr.
Somme à valoir.................. 56,000 fr.
Répartis par fractions de 500,000 fr., d'année en
année (colonne 2)............... .... } 4,000,000 fr.

2° Usines d'une puissance de production de
10,051,440 mètres cubes de gaz, à 500 fr. par 100 mètres cubes.................... 5,025,720 fr.
Somme à valoir.................. 14,280 fr.
Répartis dans les proportions indiquées au Tableau
(colonne 3)..................... ... } 5,040,000 fr.

Ensemble......... 9,040,000 fr.

Les dépenses et les produits de l'exploitation ont reçu dans ce deuxième
tableau les mêmes évaluations que dans le premier.

La colonne 10 indique le coùt du gaz à 0 fr. 135 le mètre cube ;

La colonne 11, l'allocation de 9 p. 0/0 au profit du capital ;

La colonne 12 totalise ces dépenses ;

Les colonnes 13, 14 et 15 indiquent les produits de la vente du gaz ;

Enfin, la 16e colonne résume les pertes.

TROISIÈME TABLEAU.

LES DEUX RÉSEAUX, ENSEMBLE 400,000 MÈTRES.

Le troisième Tableau confond les deux réseaux de la zone nouvelle, et réduisant les pertes de l'un (colonne 2) par les bénéfices de l'autre (colonne 1), il indique pour chaque année (colonne 3) l'excédant des pertes.

Ces pertes ne devant affecter ni le capital, ni le fonds de roulement, un fonds spécial est nécessaire pour les couvrir successivement.

On en suppose l'avance faite, chaque année, par la Compagnie, sans autre rémunération que l'intérêt commercial de 6 p. 0/0 capitalisé.

La colonne 4 indique le montant des intérêts.

Enfin la 5e colonne cumule, d'année en année, le montant total de ces pertes, dont le chiffre, à la fin de la douzième année s'élèverait à 7,188,015 fr. 56 c.

TABLEAU

BANLIEUE. —

ANNÉES.	CAPITAL de 1er établissement au 1er janvier.	DÉVELOPPEMENT des usines correspondant à l'éclairage		CAPITAL de 1er établissement.	CONSOMMATION DE GAZ sur le réseau actuel de la Banlieue.			CONSOMMATION TOTALE annuelle.
		particulier.	public.		Eclairage des Abonnés.	Eclairage public.	Pertes par les conduites	
1858............	»	»	»	7,429,050	5,642,000	1,330,000	2,174,100	9,146,100
1859............	7,429,050	169,260	»	7,598,310	5,980,700	1,330,000	2,174,100	9,486,800
1860............	7,598,310	149,513	543,754	8,291,582	6,279,756	2,417,408	2,174,100	10,871,264
1861............	8,291,582	125,595	»	8,417,187	6,530,946	2,417,408	2,174,100	11,122,454
1862............	8,417,187	97,964	»	8,515,151	6,726,874	2,417,408	2,174,100	11,318,382
1863............	8,515,151	62,268	»	8,582,419	6,861,411	2,117,408	2,174,100	11.452,919
1864............	8,582,419	34,307	»	8,616,726	6,930,025	2,417,408	2,174,100	11,521,533
1865............	»	»	»	8,616,726	6,930,025	2,417,408	2,174,100	11,521,533
1866............	»	»	»	8,616,726	6,930,025	2,417,408	2,174,100	11,521,533
1867............	»	»	»	8,616,726	6,930,025	2,417,408	2,174,100	11,521,533
1868............	»	»	»	8,616,726	6,930,025	2,417,408	2,174,100	11,521,533
1869............	»	»	»	8,616,726	6,930,025	2,417,408	2,174,100	11,521,533
1870............	»	»	»	8,616,726	6,930,025	2,417,408	2,174,100	11,521,533
1871............	»	»	»	8,616,726	6,930,025	2,417,408	2,174,100	11,521,533

TABLEAU

BANLIEUE. — Réseau nouveau de 232,000 mètres

ANNÈES.	CAPITAL DE 1er ÉTABLISSEMENT. DÉPENSES ANNUELLES.			Dépenses annulées.	CONSOMMATION DE GAZ sur le nouveau réseau.			CONSOMMATION TOTALE.
	Canalisation	Usines.	TOTAL.		Eclairage particulier.	Eclairage public.	Pertes par les conduites.	
1860............	500,000	1,600,000	2,100,000	2,100,000	290,000	424,130	397,300	1,111,430
1861............	500,000	800,000	1,300,000	3,400,000	580,000	848,260	794,600	2,222,860
1862............	500,000	630,000	1,130,000	4,530,000	870,000	1,272,390	1,191,900	3,334,290
1863............	500,000	330,000	830,000	5,360,000	1,160,000	1,696,500	1,589,200	4,445,720
1864............	500,000	330,000	830,000	6,190,000	1,450,000	2,126,650	1,986,500	5,563,150
1865............	500,000	330,000	830,000	7,020,000	1,740,000	2,548,910	2,383,800	6,672,710
1866............	500,000	330,000	830,000	7,850,000	2,030,000	2,968,910	2,781,100	7,780,010
1867............	500,000	330,000	830,000	8,680,000	2,320,000	3,393,040	3,178,400	8,891,440
1868............	»	90,000	90,000	8,770,000	2,610,000	3,393,040	3,178,400	9,181,440
1869............	»	90,000	90,000	8,860,000	2,900,000	3,393,040	3,178,400	9,471,440
1870............	»	90,000	90,000	8,950,000	3,190,000	3,393,040	3,178,400	9,761,440
1871............	»	90,000	90,000	9,040,000	3,480,000	3,393,040	3,178,400	10,051,440

N° 1.

Réseau actuel.

DÉPENSES,			PRODUITS.			RÉSULTATS.	
Coût du gaz à 0f. 135.	Prélèvement de 9 0/0 du coût de 1er établissement.	TOTAL.	Eclairage public à 0 f. 15.	Eclairage particulier à 0 f. 30.	TOTAL.	Pertes	Bénéfices.
fr. c.	fr. c.	fr. c.	fr. c.	fr. c.	fr. c.		fr. c.
1,234,723 50	668,614 50	1,903,338 »	199,500 »	1,692,600 ›	1,892,100 »	»	11,238 »
1,280,448 »	683,847 90	1,964,295 90	199,500 »	1,794,210 »	1,993,710 »	»	29,414 10
1,467,622 64	746,242 38	2,213,865 02	362,611 20	1,883,926 80	2,246,538 »	»	32,672 98
1,508,531 29	757,516 83	2,259,078 12	362,611 20	1,959,283 80	2,321,895 »	»	62,816 88
1,527,981 57	766,363 59	2,294,345 16	362,611 20	2,018,082 20	2,380,673 40	»	86,328 24
1,546,144 06	772,417 71	2,318,561 77	362,611 20	2,058,423 30	2,421,034 50	»	102,472 73
1,555,406 95	775,505 34	2,330,912 29	362,611 20	2,079,007 50	2,441,618 70	»	110,706 41
1,555,406 95	775,505 34	2,330,912 29	362,611 20	2,079,007 50	2,441,618 70	»	110,706 41
1,555,406 95	775,505 34	2,330,912 29	362,611 20	2,079,007 50	2,441,618 70	»	110,706 41
1,555,406 95	775,505 34	2,330,912 29	362,611 20	2,079,007 50	2,441,618 70	»	110,706 41
1,555,406 95	775,505 34	2,330,912 29	362,611 20	2,079,007 50	2,441,618 70	»	110,706 41
1,555,406 95	775,505 34	2,330,912 29	362,611 20	2,079,007 50	2,441,618 70	»	110,706 41
1,555,406 95	775,505 34	2,330,912 29	362,611 20	2,079,007 50	2,441,618 70	»	110,706 41
1,555,406 93	775,505 34	2,330,912 29	362,611 20	2,079,007 51	2,441,618 70	»	110,706 41

N° 2.

de canalisation à établir en huit ans.

DÉPENSES.			PRODUITS.			RÉSULTATS.	Dépenses.
Coût du gaz à 0 f. 135 le metre cube.	Prélèvement de 9 0/0 du capital de 1er établissement.	TOTAL.	Eclairage public à 0 f. 15.	Eclairage particulier à 0 f. 30.	TOTAL.	Pertes.	
fr. c.	fr. c.	fr. c.	fr. c.	fr. é.	fr. c.	fr. c.	
150,043 05	189,000 »	339,043 05	63,619 50	87,000 »	150,619 50	188,423 55	»
300,086 10	306,000 »	606,086 10	127,239 »	174,000 »	301,239 »	304,847 10	»
450,129 15	407,700 »	857,820 15	190,858 50	261,000 »	451,858 50	405,970 65	»
600,172 20	482,409 »	1,082,572 20	254,475 »	348,000 »	602,475 »	480,097 20	»
751,025 25	557,100 »	1,308,125 25	318,997 50	435,000 »	753,997 50	554,127 75	»
900,815 50	631,800 »	1,532,615 50	382,336 50	522,000 »	904,336 50	628,279 »	»
1,050,301 35	706,500 »	1,756,801 35	445,336 50	609,000 »	1,054,336 50	702,464 85	»
1,200,344 40	783,200 »	1,983,541 40	508,956 »	696,000 »	1,204,956 »	778,588 40	»
1,239,494 40	789,300 »	2,028,794 40	508,956 »	783,000 »	1,291,956 »	736,838 40	»
1,278,644 40	797,400 »	2,076,044 40	508,956 »	870,000 »	1,378,956 »	698,088 40	»
1,317,794 40	805,500 »	2,123,294 40	508,956 »	957,000 »	1,465,956 »	657,338 40	»
1,356,944 40	813,600 »	2,170,544 40	508,956 »	1,044,000 »	1,552,956 »	617,588 40	»

TABLEAU N° 3.

BANLIEUE. — Les deux Réseaux (400,000 mètres).

ANNÉES.	RÉSEAU canalisé. — Bénéfices actuels après prélèvement de 9 0/0 du capital.		RÉSEAU à canaliser. — Pertes annuelles avec prélèvement de 9 0/0 du capital.		PERTES annuelles sur l'ensemble des deux Réseaux.		PERTES CUMULÉES			
							En principal.		En intérêts à 6 p. 0/0.	
	fr.	c.	fr.	c.	fr.	c.	fr.	c.	fr.	c.
1860..	32,672	98	188,423	55	155,750	57	155,750	57	»	»
1861..	62,816	88	304,847	10	242,030	22	397,780	79	9,345	03
1862..	86,328	24	405,970	65	319,642	41	717,423	20	33,817	58
1863..	102,472	73	480,097	20	377,624	47	1,095,047	67	78,328	63
1864..	110,706	41	554,127	75	443,421	34	1,558,469	01	146,702	14
1865..	110,706	41	628,279	»	517,572	59	2,056,041	60	243,112	69
1866..	110,706	41	702,464	85	591,758	44	2,647,800	04	372,259	82
1867..	110,706	41	778,588	40	667,882	»	3,315,682	04	538,876	65
1868..	110,706	41	736,838	40	626,132	»	3,941,814	04	747,814	58
1869..	110,706	41	698,088	40	587,382	»	4,529,196	04	996,859	70
1870..	110,706	41	657,338	40	546,632	»	5,075,828	04	1,283,554	17
1871..	110,706	41	617,588	40	506,882	»	5,582,710	04	1,605,305	52
TOTAL DES PERTES..........							7,188,015	56		

Les observations et les tableaux qui précèdent mettent en évidence la nature du concours que la Compagnie est appelée à donner à la Ville de Paris pour lui faciliter, en ce qui touche l'éclairage de la banlieue, la réalisation du programme de l'annexion.

Il s'agit, en effet, d'installer le gaz dans toutes les voies publiques de cette nouvelle zone et d'ajouter, conséquemment, à l'entreprise productive dont la Compagnie Parisienne est en possession, une entreprise dont les charges ne seront de longtemps compensées par des bénéfices.

L'uniformité de prix étant un principe dont l'Administration municipale ne peut se départir, la Compagnie rendra cette uniformité de prix immédiatement possible, en renonçant aux bénéfices de ses traités actuels avec les communes.

L'installation générale du gaz nécessitera un capital considérable ; la

Compagnie Parisienne le fournira au moyen d'une extension de son capital actuel.

Le traité de 1855 fixe à 10 p. 0/0 le minimum du revenu que doivent obtenir les capitaux engagés dans l'industrie du gaz. La Compagnie Parisienne abaissera ce minimum à 9 p. 0/0 pour le capital afférent au service de la nouvelle zone, pendant la période onéreuse de ce service.

En outre du capital de premier établissement, il faudra, selon toute probabilité, couvrir annuellement, par de nouveaux fonds, des pertes dont la durée est incertaine. La Compagnie consentira à faire l'avance de ces fonds à 6 p. 0/0 d'intérêt annuel capitalisé.

La Ville perçoit de la Compagnie, sur le gaz consommé dans les limites de Paris, un droit qu'il ne lui serait pas possible d'imposer actuellement dans la zone annexée sur une exploitation qui probablement ne présentera que des pertes dans les premières années. Mais la Compagnie Parisienne consentira à ce que le traité à intervenir assure graduellement à la Ville la jouissance de ce droit, lorsque les consommations de gaz auront atteint certaines limites.

Ainsi la Ville parviendra, sans bourse délier, à doter de l'installation du gaz les nouveaux quartiers qu'elle s'est incorporés.

Toutefois, on a compris que la Compagnie Parisienne ne peut souscrire de tels engagements qu'à la condition de rentrer, le cas échéant, dans les sommes qui auront été absorbées par des pertes pendant une certaine période. En offrant son concours à la Ville de Paris, la Compagnie ne peut accepter des charges qui, considérées comme une conséquence et une nécessité de l'annexion, incombent à l'autorité publique.

Elle demande donc qu'à l'expiration des douze premières années, alors que la Ville, conformément au traité de 1855, entrera en partage avec la Compagnie des bénéfices qui excéderont 10 p. 0/0 du capital, la part de ces bénéfices revenant à la Ville soit affectée, s'il y a lieu, à l'amortissement jusqu'à concurrence des sommes dont la Compagnie aura fait l'avance pour combler les pertes annuelles constatées pendant cette première période de douze années.

Au delà de ce terme, la Ville sera libérée de toute participation aux pertes.

Par cette combinaison, la Ville s'exonère d'une des charges de l'annexion, en empruntant aux éventualités de l'avenir les moyens de pourvoir aux nécessités présentes.

Tout d'ailleurs dans cette combinaison se réduit à des termes simples. La Compagnie a voulu éviter les complications.

Le chiffre du capital s'y trouve déterminé d'après la longueur des conduites et la puissance de production des usines.

Or, rien n'est plus facile à l'Administration que de constater la longueur des conduites et d'apprécier le chiffre moyen, qui représente pour chaque mètre leur dépense d'établissement.

Quant aux usines, l'Administration pouvant constater les consommations et les pertes de gaz dans la nouvelle zone, ainsi qu'elle le fait depuis trois ans dans l'ancienne, il lui suffira, pour apprécier le capital afférent à ces usines, que le chiffre moyen de leur coût d'établissement, par rapport à leur puissance de production, soit fixé une fois pour toutes d'un commun accord.

En ce qui touche l'exploitation, les résultats seront faciles à constater.

Les dépenses se composent de deux éléments :

Le prix de revient du gaz appliqué aux quantités produites ;

Le prélèvement de 9 p. 0/0 appliqué au chiffre du capital.

Les recettes se bornent aux produits des consommations de gaz à 0 fr. 15 c. et à 0 fr. 30 c. le mètre cube.

Rien n'est donc plus simple que le compte à faire entre la Ville et la Compagnie ; mais cette simplicité n'est obtenue qu'en fixant à forfait le prix de revient du gaz.

Tous les autres éléments du compte se prêtent aux constatations de l'Administration.

Le prix de revient du gaz a été longtemps un sujet de controverse, mais depuis trois ans les doutes et les contradictions ont fait place aux réalités. La Compagnie Parisienne est une Société anonyme opérant en quelque sorte publiquement, ses comptes ne sont pas un mystère ; ils subissent divers degrés de vérification et de contrôle, M. le Préfet de la Seine en reçoit la communication par les statuts.

Or, ces comptes révélant avec une exactitude incontestable le prix de revient du gaz, l'Administration ne peut puiser les éléments de ce prix à une source plus certaine. C'est de ces comptes, en effet, qu'est ressorti le chiffre moyen de 0 fr. 135 le mètre cube, proposé par la Compagnie Parisienne.

Toutefois, une explication est encore nécessaire. Le chiffre de 0 fr. 135 à Paris comprend la redevance de 0 fr. 02 qui ne grèvera pas d'abord la zone annexée; mais cette différence est plus que compensée par l'inégalité de frais généraux qui existeraient entre deux services dont l'un a pour objet une production annuelle de 60,000,000 de mètres cubes de gaz, et l'autre seulement une production qui ne s'élèvera de longtemps au cinquième de cette quantité.

En résumé, la Compagnie Parisienne a l'honneur de soumettre à M. le Préfet de la Seine les propositions suivantes :

1° Les usines à gaz de la Compagnie qui se trouvent comprises dans les nouvelles limites de Paris seront considérées comme entrepôts réels, et le service de l'octroi y sera organisé de manière à n'altérer en quoi que ce soit, pour la Ville comme pour la Compagnie, les bénéfices et les charges stipulés au traité du 23 juillet 1855.

2° Les traités conclus avec les communes de la banlieue de Paris pour la fourniture du gaz, traités en cours d'exécution, seront, à dater du 1er janvier 1860, résiliés purement et simplement pour tout le territoire de ces communes qui se trouve annexé à la Ville de Paris. Pour le territoire en dehors de l'enceinte fortifiée, les traités demeurent en vigueur.

3° La concession faite par l'article 1er du traité du 23 juillet 1855 aux diverses parties représentées aujourd'hui par la Compagnie Parisienne d'éclairage et de chauffage par le gaz, s'étendra, à partir du 1er janvier 1860, à toute la zone annexée à la Ville de Paris, entre l'enceinte actuelle de l'octroi et l'enceinte fortifiée.

Cette extension de concession est faite et acceptée aux conditions exceptionnelles ci-après.

4° La Compagnie ne sera tenue de compléter la canalisation des voies publiques de la nouvelle zone que par huitième d'année en année.

En conséquence, elle s'engage à consacrer à cette canalisation, pour chacune de ces huit années, jusqu'à concurrence de 500,000 fr.

5° La Compagnie s'engage en outre à pourvoir, soit par la construction d'usines nouvelles, soit par le développement de ses usines actuelles, à la fourniture de tout le gaz nécessaire aux consommations de la zone annexée.

6° Pendant une période de douze années, à partir du 1er juillet 1860, la Compagnie établira chaque année sur les bases ci-après le compte distinct des bénéfices ou des pertes de son exploitation dans la zone nouvelle.

Ce compte sera débité :

A.—De la somme représentant les quantités de gaz qui auront été émises par les usines pour le service de la zone nouvelle au prix de 0,135 fr. le mètre cube.

Ces quantités de gaz seront évaluées d'après le chiffre des consommations, tant par l'éclairage public que par les abonnés, et d'après les pertes dont le chiffre ressort en moyenne annuelle à 13^m 70° de gaz par mètre courant de conduite.

B. — D'une somme équivalente à 9 p. °/₀ du capital de premier établissement engagé pour le service de la zone nouvelle.

Le chiffre de ce capital sera évalué :

Pour la canalisation, y compris les conduites déjà établies, à **17** fr. le mètre courant.

Pour les usines en prenant pour base leur puissance de production calculée sur les émissions annuelles de gaz, et dans la proportion de 500 fr. par mille mètres cubes de gaz fabriqué.

D'un autre côté, figurera au crédit de ce compte le produit réel des consommations de gaz par l'éclairage public et les abonnés.

Les sommes en bénéfices ou en pertes, qui résulteront de ce compte à la fin de chaque année, seront cumulées avec intérêts à 6 p. °/₀ jusqu'au 31 décembre 1871.

Dans le cas où, à cette dernière époque, il résulterait du compte ainsi réglé que, pendant la période des douze années, les dépenses ont excédé les recettes, la somme de cet excédant constituerait pour la Compagnie une créance à amortir avec intérêts à 6 p. °/₀, et la Ville affecterait alors à cet amortissement, jusqu'à due concurrence, la part que lui alloue l'article 6 du traité de 1855 sur les bénéfices de la Compagnie au delà de 10 p. °/₀ du capital.

7° A l'effet de pourvoir aux voies et moyens nécessités par l'extension de concession stipulée ci-dessus, la Compagnie Parisienne sera autorisée à augmenter de moitié son capital actuel de 55 millions qui sera porté à 82,500,000 fr.

En conséquence, il sera créé 55,000 actions nouvelles de 500 fr. chacune, lesquelles seront réservées exclusivement aux actionnaires de la

Compagnie dans la proportion de une action nouvelle pour deux actions anciennes.

8° Le gaz consommé dans la zone annexée sera exempt de toute redevance au profit de la Ville de Paris jusqu'au 1er janvier 1872.

A partir de cette époque, sur les consommations de gaz qui excéderont 40mc par mètre courant de conduite, la Ville percevra une redevance de 2 centimes par mètre cube.

Toutefois, les dispositions de l'article 8 du traité de 1855 seront substituées aux dispositions transitoires ci-dessus, aussitôt que ces consommations annuelles se seront élevées à 80 mètres cubes de gaz par mètre courant de conduite.

9° Les consommations de gaz dans la nouvelle zone seront constatées selon le mode qui a été réglé par M. le Préfet de la Seine, pour constater les consommations dans la zone actuelle.

A cet effet, la Compagnie réglera son service et sa comptabilité de manière à faciliter ces constatations pour chacune des deux zones distinctement.

VILLE DE PARIS.

COMMISSION DE L'ÉCLAIRAGE.

NOTE

SUR

LES ÉVALUATIONS PRÉSENTÉES PAR LA COMPAGNIE PARISIENNE

DANS

SES PROPOSITIONS POUR L'ÉCLAIRAGE DE LA BANLIEUE.

La Commission administrative de l'éclairage, formée par M. le Préfe de la Seine, nous a chargé de vérifier les évaluations présentées par la Compagnie Parisienne d'éclairage et de chauffage par le gaz, dans les propositions soumises par elle à l'Administration municipale pour l'éclairage de la banlieue annexée à Paris.

Le mode d'exploitation que la Compagnie propose pour éclairer la banlieue, constituerait, jusqu'en 1872, une régie intéressée dans laquelle figureraient, d'une part, au crédit de la Ville, tous les produits réels des consommations de gaz par l'éclairage public et par les abonnés, et, d'autre part, à son débit, toutes les dépenses faites par la Compagnie.

Le compte des produits de la banlieue sera facile à établir en suivant le mode de constatation appliqué déjà par l'Administration municipale pour la perception du droit de deux centimes, imposé à la Compagnie par l'article 8 du cahier des charges de l'éclairage de Paris.

Celui des dépenses est plus difficile à vérifier. Le gaz pour Paris et pour la banlieue se fabriquant dans les mêmes usines, il serait presque impossible, si on voulait contrôler toutes les dépenses, de distinguer la part afférente à l'éclairage de Paris et à celui de la banlieue. Si l'Administration entrait dans cette voie de vérification, son contrôle, du reste, devrait porter sur tous les traités que ferait la Compagnie, sur ses travaux, sur son personnel et sur tous ses actes. Un semblable contrôle serait aussi onéreux pour l'Administration que gênant pour la Compagnie.

Pour éviter ces difficultés, la Compagnie propose de fixer, *à priori*, en se basant sur les actes de sa gestion pendant plusieurs années, les divers éléments de dépense à compter au débit de la Ville, et qui seraient :

1° La somme représentant les quantités de gaz émises par les usines pour le service de la zone nouvelle au prix de 0 fr. 135 le mètre cube.

Ces quantités de gaz seraient évaluées, d'après le chiffre des consommations et d'après les pertes dont le chiffre ressort, suivant la Compagnie, a 13^m70 de gaz par mètre courant de conduite ;

2° Une somme équivalente à 9 pour 100 du capital de premier établissement de la zone nouvelle.

Le chiffre de ce capital serait évalué :

Pour la canalisation, y compris les conduites déjà établies, à 17 fr. le mètre courant ;

Pour les usines, en prenant pour base leur puissance de production calculée sur les émissions de gaz et dans la proportion de 500 fr. par mille mètres cubes de gaz fabriqué.

La mission qui nous était donnée consistait donc à rechercher, dans les écritures de la Compagnie Parisienne :

1° Si la dépense faite, soit pour l'acquisition du sol, soit pour l'édification et l'installation complète de ses usines existantes, s'est élevée à 500 fr. par mille mètres cubes de gaz fabriqué, et devra monter au même chiffre pour le service de la banlieue ;

2° Si le mètre courant de canalisation dans tout son réseau est revenu au prix moyen de 17 fr., et s'il coûtera autant dans la banlieue ;

3° Si les pertes de gaz montent en réalité à 13^m70 de gaz par mètre courant de conduite dans Paris et par année, et si ce chiffre doit être augmenté ou diminué dans la banlieue ;

4° Si la fabrication du mètre cube de gaz reviendra dans la banlieue, sans droit d'octroi sur le combustible, à 0 fr. 135 ou à un prix supérieur ou inférieur.

La Compagnie Parisienne est soumise comme Société anonyme au contrôle de l'Administration, et nous avons, dès lors, dû admettre l'exactitude des chiffres résultant des comptes arrêtés. Notre vérification, par conséquent, a porté surtout sur les travaux exécutés, sur les comptes de fabrication et sur les livres où figurent les faits de dépenses récapitulés seulement dans les comptes généraux, et qu'il importait de décomposer pour obtenir les divers éléments des prix à vérifier.

Nous allons présenter successivement à la Commission le résultat de nos investigations sur les quatre points susindiqués.

1° *Prix de revient des usines par mille mètres de gaz fabriqué annuellement.*

Pour établir ce prix de revient, la Compagnie a procédé de la manière suivante :

Les anciennes Compagnies ont apporté à la Compagnie Parisienne leurs usines au nombre de huit, leur matériel, leur clientèle, leur achalandage et enfin des terrains acquis en 1855, en vue de la fusion, et situés les uns à la Villette, les autres à Passy. Ces apports ont été payés par la Compagnie Parisienne, ainsi que le porte l'acte de Société, 49,875,000 fr.

Cette somme doit se diviser en deux parties :

	fr.	c.
1° Celle représentant la valeur des usines, du matériel, de la clientèle, etc......................	47,689,114	27
2° Celle représentant la valeur des terrains qui, depuis, ont été utilisés pour la construction de l'usine de la Villette et l'agrandissement de celle de Passy, dont les contrats d'achats ont été mis à notre disposition.		
Le terrain de la Villette a été acquis, le 21 mai 1855, de MM. Mesquite et Hainguerlot, par acte passé devant Me Mocquart, pour la somme de..................	938,117	»
Une deuxième portion a été acquise de M. Hainguerlot, suivant acte du 9 juillet reçu par Me Lavocat, notaire, moyennant....................	1,000,000	»
plus les frais....................	26,986	28
Les terrains acquis à Passy, ont coûté..............	220,782	45
TOTAL égal aux apports........	49,875,000	»

Depuis 1856, la Compagnie Parisiénne a acquis de nouveaux immeubles coûtant 2,710,163 fr. 65 c.

Une partie seulement a servi à l'édification ou à l'agrandissement des usines; elle a coûté............ 2,350,392 75

Les constructions aux usines de la Villette, de Passy, de Vaugirard et d'Ivry, dont nous avons vérifié les comptes, ont coûté....................................... 11,331,715 43

Les constructions diverses dans les autres usines.... 303,171 20

L'établissement de fours et cornues dans ces usines... 101,823 30

Les charrois.. 143,622 10

Les frais divers...................................... 79,199 70

Les terrains acquis et non encore employés sont ceux de la rue de la Tour-d'Auvergne (nos 42-44-46), et de la rue des Martyrs (n° 64), coûtant....... 224,676 90

Ceux de l'avenue Trudaine........ 9,000 »

Ceux du quai de Passy (Barthélemy).. 36,000 »

Ceux du quai de Passy (Calendo)..... 50,000 »

Ceux de la cité Rodier............. 40,100 »

Total.......... 359,770 90   359,770 90

La Compagnie a dépensé en outre :

Pour la canalisation.......................... 2,764,203 24

Pour les branchements et compteurs............. 2,430,616 05

Pour le service du chauffage................... 103,019 43

Pour les frais d'enregistrement de l'acte de société... 668,387 30

Pour comptes divers dont le détail au grand-livre, exercice 1856, nous a été montré................. 584,773 50

Le chiffre total de la dépense de la Compagnie, au 31 décembre 1858, ainsi qu'il résulte du compte rendu à ses actionnaires, s'élève à........................ 71,095,694 90

En en déduisant :

1° La valeur des anciennes usines, clientèle, matériel, etc........................ 47,689,114 27

2° Les six derniers articles de dépense ci-dessus, qui ne s'appliquent pas aux usines................... 6,910,770 42   54,599,884 69

Il reste pour la dépense en construction d'usines, faite depuis le 1er janvier 1856 jusqu'au 31 décembre 1858.. 16,495,810 21

En 1855, la puissance de production des huit usines des anciennes Compagnies, était de .... **37,767,507** » *(mètres cubes.)*

Les trois usines à l'intérieur de Paris y entraient :
Celle Trudaine, pour 4,009,030
Celle Poissonnière, pour 4,940,237
Celle La Tour, pour 4,105,892
13,055,159 »

Ces trois dernières usines ayant été démolies, il reste des anciennes usines une puissance de fabrication de.... **24,712,348** »

Les usines de la Compagnie ont produit en 1858, ainsi que nous l'avons vérifié sur les comptes de fabrication.. **57,919,628** »

On a donc augmenté la puissance de production de... **33,207,280** »

Cette augmentation de puissance de fabrication a.coûté. 16,495.810^f 21^c soit, par 1,000 mètres cubes, 497 fr., ou, en nombre rond, 500 fr., comme l'a indiqué la Compagnie.

Ce chiffre du premier établissement des usines entrant pour une part considérable dans les dépenses, nous avons cherché, comme double vérification, à l'établir par un autre moyen, en relevant sur les livres de la Compagnie toutes les dépenses faites pour l'installation de sa principale usine, celle de La Villette, construite depuis 1856.

Ces dépenses, y compris les acquisitions de terrains, ont monté à 9,400,000 fr.

Les livres de fabrication établissent que le gaz produit en 1859, depuis l'achèvement de l'usine, s'est élevé dans l'année à 19,217,299 mètres cubes.

Les dépenses de cette usine atteignent donc, par 1,000 mètres cubes de gaz fabriqués annuellement, à $\frac{9,400,000 \times 1,000}{19,217,297} = 489$ fr. 14 cent., chiffre qui diffère très-peu de celui de 500 fr. indiqué par la Compagnie.

On ne peut pas espérer que les établissements nouveaux à créer dans la banlieue soient dans de meilleures conditions que celui de La Villette ; nous pensons donc que le prix moyen de 500 fr. pour les établissements d'usine par 1,000 mètres de gaz fabriqués annuellement, peut être admis aussi bien pour la banlieue que pour Paris.

Comme dernier moyen de contrôle, nous ajoutons que la vérification des comptes de la Compagnie du Nord, qui éclaire les communes de Batignolles, Montmartre et La Chapelle, fait ressortir le prix des usines, par 1,000 mètres cubes de gaz fabriqués annuellement, à 540 fr.

2° *Prix du mètre courant de canalisation.*

Au 31 décembre 1858, la canalisation de la Compagnie Parisienne était composée, quant au diamètre des tuyaux, à leur nature, à leur longueur, ainsi que l'indique le tableau suivant.

Afin d'évaluer le coût total de cette canalisation et de connaître le prix moyen général du mètre courant, on a appliqué à la longueur des conduites de chaque diamètre le prix de revient tel qu'il résulte des attachements des travaux de pose exécutés par le service de la canalisation. La vérification des livres nous a permis de reconnaître l'exactitude des prix moyens indiqués par la Compagnie, sauf toutefois en ce qui concerne les tuyaux en tôle et bitume de 0^m 081 que la Compagnie évaluait à 9 fr. et que nous ne portons dans le tableau suivant qu'à 8 fr. 50 c.

DIAMÈTRE.	PLOMB.			TOLE ET BITUME.			FONTE.		
	Longueur	Prix.	Produit.	Longueur.	Prix.	Produit.	Longueur.	Prix.	Produit.
	mèt.	fr. c.	fr. c.	mèt.	fr. c.	fr. c.	mèt.	fr. c.	fr. c.
0,034	»	» »	» »	»	» »	» »	»	» »	» »
0,041	933	12 50	11,662 50	»	» »	» »	»	» »	» »
0,042	»	» »	» »	706	7 50	5,295 »	392	8 »	3,136 »
0,054	548	15 »	8,220 »	29,456	8 02	236,237 12	57,311	9 01	516,372 11
0,081	269	20 »	5,380 »	128,257	8 50	1,090,184 50	103,708	12 49	1,295,312 92
0,108	95	26 »	2,470 »	64,552	10 42	672,631 84	28,249	15 64	441,814 36
0,135	»	» »	» »	16,584	13 50	223,884 »	10,048	20 23	203,271 04
0,162	14	40 »	560 »	36,907	15 46	570,582 22	23,160	25 06	580,389 60
0,189	»	» »	» »	7,671	19 »	145,749 »	3,697	28 04	103,663 88
0,216	»	» »	» »	15,185	22 20	337,107 »	16,571	31 02	514,032 42
0,245	»	» »	» »	2,484	26 90	66,819 »	3,544	38 57	136,692 08
0,270	»	» »	» »	8,850	27 01	239,038 50	3,053	43 90	134,026 70
0,300	»	» »	» »	7,799	31 50	245,668 50	32	49 44	1,582 08
0,325	»	» »	» »	3,744	33 50	125,424 »	6,935	54 52	378,096 20
0,350	»	» »	» »	8,090	34 50	279,105 »	932	59 53	55,481 96
0,400	»	» »	» »	3,607	42 26	152,431 82	»	» »	» »
0,500	»	» »	» »	7,807	49 50	386,446 50	5,094	85 31	434,569 14
0,700	»	» »	» »	9,598	80 09	768,703 82	3	120 »	360 »
TOTAUX.	1,859	» »	28,292 50	351,297	» »	5,545,307 82	262,729	» »	4,798,800 49

RÉCAPITULATION.

	mètres.	fr. c.
Plomb..........................	1,859	28,292 50
Tôle et Bitume...................	351,297	5,545,307 82
Fonte...........................	262,729	4,798,800 49
La longueur de la canalisation est de....	615,885	
Les dépenses de la canalisation s'élèvent à un total de......................		10,372,400 81

En divisant ces deux chiffres, le quotient, $\frac{10,372,400^{f}\ 81^{c}}{615,885^{m}} = 16$ fr. 85 c., soit **17** fr., donne le prix de revient du mètre courant de conduite dans tout le réseau de la Compagnie Parisienne.

Mais depuis l'époque où les propositions que nous examinons ont été rédigées, la Compagnie a reconnu que les diamètres inférieurs à 0^{m} 081 présentaient de graves inconvénients pour la régularité du service, à cause de la facilité avec laquelle ils sont obstrués par les dépôts; de plus, les tuyaux en tôle de petit diamètre, c'est-à-dire tous ceux inférieurs à 20 centimètres, fabriqués avec des tôles minces, n'ont pas assez de durée, et la fonte, quoique d'un prix plus élevé, est cependant préférable. Si l'on introduit ces changements dans le projet des 400 kilomètres de canalisation que la Compagnie suppose devoir être établis dans la banlieue, tout en conservant la même proportion des longueurs pour les conduites de chaque diamètre, mais en remplaçant celles inférieures à 0^{m} 081 par des tuyaux de ce dernier diamètre, on arrive à former le tableau suivant :

DIAMÈTRES.	FONTE.	PRIX.		DÉPENSES.	
		fr.	c.	fr.	c.
0,081......................	211,000	12	49	2,635,390	»
0,108......................	62,000	15	64	969,680	»
0,135......................	17,000	20	23	343,910	»
0,162......................	40,000	25	06	1,002,400	»
0,189......................	7,000	28	04	196,280	»
TOLE ET BITUME.					
0,216......................	21,000	22	20	466,200	»
0,242......................	4,000	26	90	107,600	»
0,270......................	8,000	27	01	216,080	»
0,300......................	4,000	31	50	126,000	»
0,325......................	7,000	33	50	234,500	»
0,350......................	5,000	34	50	172,500	»
0,400......................	2,000	42	26	84,520	»
0,500......................	6,500	49	50	321,750	»
0,700......................	5,500	80	09	440,495	«
Longueur totale des conduites......	400,000	Montant des dépenses..		7,317,305	»

En divisant ces deux chiffres, le quotient $\frac{7,317,305}{400,000} = 18$ fr. 29 c. donne le prix moyen auquel reviendrait le mètre courant de canalisation dans la banlieue, d'après la Compagnie.

Ce chiffre que la Compagnie, elle-même, reconnaît exagéré et qu'elle n'a pas présenté à l'Administration, doit subir une notable réduction, attendu que, dans les dépenses qui viennent d'être récapitulées, on a compris les frais de réfection des pavages et des empierrements qui s'élèvent à 5 francs par mètre carré pour le pavage et à 3 francs pour les empierrements. Les conduites exigeant, en moyenne, des tranchées de $0,70^m$ de largeur, et la presque totalité de la canalisation ayant été établie à Paris sur des chaussées pavées, les frais de réfection du pavage entrent donc à Paris, dans les dépenses du mètre courant de canalisation, pour 3 francs au moins.

Dans la banlieue, les voies importantes à canaliser sont bordées de contre-allées sur lesquelles seront posées les conduites ; les autres rues n'ont que des chaussées macadamisées en cailloux roulés. Sur ces rues il y aura, d'abord, une diminution notable dans les frais de fouille, puis dans ceux de réfection de la surface des tranchées, que la Ville ne fait payer qu'un franc par mètre carré, ou $0^f,70$ par mètre courant de conduite, exigeant en moyenne une fouille de $0,70^m$ de largeur.

On peut donc diminuer le prix de 18 fr. 29 pour les deux causes sus-indiquées de 2 fr. 30 environ, ce qui réduira le prix probable du mètre courant de la canalisation, dans la banlieue, à 15 fr. 99.

Mais à ce prix, il faut ajouter la dépense du drainage sur les contre-allées plantées dont la Compagnie n'a tenu aucun compte dans les calculs précédents.

Le dernier paragraphe de l'article 12 du cahier des charges de la Compagnie Parisienne donne à l'Administration la faculté de prescrire le mode de canalisation qu'elle croit le plus propre à garantir des effets du gaz les arbres des promenades publiques.

M. le Préfet, s'appuyant sur cette clause du traité de la Compagnie Parisienne, a pris, le 8 avril 1856, un arrêté prescrivant à cette Compagnie d'entourer les conduites et les branchements d'un drainage mis en communication avec l'air, par des regards ménagés au pied des candélabres ou à l'entrée des branchements dans les habitations. Par ce moyen, les fuites de gaz, au lieu de se répandre indéfiniment dans le sol qu'elles infectent, tendent à arriver à l'air libre, où l'odeur propre du gaz permet de les constater ; dans la plupart des cas, la réparation des fuites peut être faite immédiatement avant que le gaz se soit répandu dans le sol en quantité suffisante pour tuer les arbres.

L'Administration avait pensé que la Compagnie accepterait avec empressement ce moyen d'exécuter les prescriptions de son cahier des charges, qui n'exigeait pour elle qu'une dépense de 3 fr. environ par mètre courant de conduite, soit 496,650 fr. pour le réseau complet des voies plantées de Paris (*Voir* la note A) ; car la Compagnie perd actuellement une valeur de plus d'un million de francs de gaz par les fuites provenant, en grande partie, de l'insuffisance de sa canalisation; elle est dès lors très-intéressée à employer tous les procédés peu dispendieux permettant de reconnaître et d'arrêter promptement ces fuites. Les prévisions de l'Administration, sous ce rapport, ont été déçues; la Compagnie, après un commencement d'exécution, à titre d'essai, a refusé de se conformer aux dispositions de l'arrêté du 8 avril 1856, qu'elle attaque aujourd'hui devant le conseil d'État.

Nous ne doutons pas un seul instant que le conseil d'État ne déboute la Compagnie Parisienne de ses prétentions; mais l'Administration ne peut faire un nouveau traité avec cette Société, sans qu'il soit bien entendu qu'elle exécutera les travaux de drainage, destinés sinon à sauver complètement les arbres des promenades publiques des atteintes du gaz, du moins à en atténuer considérablement les effets.

Il faut prévoir, par conséquent, dans les charges de la canalisation de la banlieue, les dépenses du drainage des conduites posées sous les voies plantées. Pour cela nous avons recherché quelle devrait être l'étendue de la canalisation de la banlieue dans la période de douze années qui sert de base aux calculs de la Compagnie. Nous ne pensons pas, comme l'a supposé la Compagnie, qu'elle atteigne 400 kilomètres. On donnera une satisfaction suffisante aux besoins probables de la banlieue en portant à 350 kilomètres le développement de la canalisation (*Voir* la note B). D'autre part, nous avons indiqué dans la note C la portion de ce réseau déjà posée ou à placer avant 1872 sur les voies plantées de la banlieue. Il s'élève à 113,363^m. La dépense de drainage sur ces voies serait par conséquent de 113,363^m $\times$ 3 fr. $=$ 340,089 fr. Répartie sur l'ensemble de la canalisation de 350 kilomètres, elle donne, par mètre courant, une dépense de 0,99 c., qui, ajoutée au prix de 15 fr. 99 précédemment trouvé, porte le prix moyen de la canalisation à 16 fr. 98 ou 17 fr., comme le propose la Compagnie.

Nous pensons, en résumé, que le prix de 17 fr. peut être admis, mais à la condition qu'il comprendra les frais du drainage sur les voies plantées, prescrit par l'arrêté de M. le Préfet, du 8 avril 1856.

A l'appui de la réduction que nous proposons sur ce chef des demandes de la Compagnie, nous ferons remarquer que la Compagnie générale des Eaux, dans les propositions qu'elle soumet actuellement à la Ville de Paris, ne fixe les dépenses de sa canalisation dans la banlieue qu'à des prix, pour chaque nature de tuyaux, inférieurs de plus du cinquième à ceux demandés par la Compagnie Parisienne; et cependant les tuyaux de conduite d'eau, à diamètre égal, devraient avoir plus d'épaisseur que ceux du gaz. Sur ces bases le prix moyen de la canalisation, fixé par cette dernière association à 18 fr. 80, ne devrait être que de 14 fr. 63. En admettant le prix de 17 fr..

y compris les frais du drainage, la Ville laissera donc une marge bien large
à la Compagnie Parisienne pour toutes les éventualités.

3° *Pertes de gaz par mètre courant de conduite.*

La Compagnie a produit, en 1858, ainsi que nous l'avons constaté sur ses registres de fabrication, un volume de gaz de............................. 57,919,800 mèt.

L'état récapitulatif servant à établir la perception du droit de 0ᶠ,02ᶜ par la ville de Paris, sur le gaz livré à la consommation, indique que le gaz consommé par les abonnés ou l'éclairage public ne s'est élevé, dans la même période, qu'à............................. 49,392,977

La différence constitue les pertes de gaz qui ont monté, par conséquent, à............................. 8,526,823

L'étendue complète de la canalisation de la Compagnie dans tout son réseau étant de 623,000ᵐ, la perte du gaz, par mètre linéaire de conduite et par année, s'élève, comme l'annonce la Compagnie, à $\dfrac{8,526,823}{623,000} = 13,68$ et en forçant 13,70.

Mais nous ne pensons pas que ce chiffre puisse être appliqué au réseau complet de la banlieue; il doit subir une réduction que la Compagnie ne peut contester, d'abord, par la substitution de la fonte à la tôle pour les tuyaux de petit diamètre, et par la suppression des petits tuyaux qui doivent donner une canalisation meilleure, ensuite par le drainage qui facilitera la recherche et la réparation des fuites. Nous contestons d'ailleurs, le principe même des calculs de la Compagnie, qui admet que la perte de gaz est uniquement proportionnelle à l'étendue de la canalisation, quelle que soit la consommation du gaz. Il est évident que le gaz ne se perd pas seulement dans les conduites, mais aussi dans les branchements jusqu'aux compteurs, enfin que chaque prise de gaz par un branchement sur la conduite doit aussi occasionner des pertes; la déperdition du gaz doit donc augmenter avec la consommation, car tout accroissement de consommation nécessite un plus grand nombre de branchements. Nous ne pouvons, dès lors, admettre que la perte dans la banlieue, où la consommation moyenne, par mètre courant de conduite, ne sera pas de plus de 55 mètres d'ici à douze ans, puisse égaler celle de Paris, qui s'élève à plus de 100 mètres.

Nous manquons de données précises pour évaluer la diminution dans les pertes de gaz, par mètre courant de conduite, qui doit résulter des quatre causes que nous venons d'examiner.

Nous avons cependant trouvé une base approximative dans l'examen de la gestion de la Compagnie du Nord. La canalisation de cette Compagnie est très-défectueuse, de l'aveu même de ses gérants. Ce fait ne sera pas contesté par la Compagnie Parisienne qui cherche à fusionner ses intérêts avec ceux de la Compagnie du Nord, et qui insiste pour donner le moins possible à cette dernière association, en se fondant principalement sur le mauvais état de la canalisation de son réseau.

Or, dans l'exercice du 31 mars 1858 au 31 mars 1859, la Compagnie du Nord a fabriqué un volume de gaz de.................... $3,593,000^m$

Elle n'en a vendu que.................................... $2,611,439^m$

Les pertes ont donc monté à...................... $981,561^m$

soit 27 p. 0/0. Le réseau de la Compagnie du Nord a atteint, en 1859, un développement de $68,000^m$. Les pertes par mètre courant de conduite, avec une canalisation très-défectueuse, n'ont donc été que de $\dfrac{981,561^m}{68,000^m} = 14,43^m$.

Mais M. Briziou, directeur de la Compagnie du Nord, nous a déclaré que les pertes, qui s'élèvent aujourd'hui à 27 p. 0/0, ne montaient qu'à 21 p. 0/0, il y a quelques années, lorsque sa canalisation était en bon état ; les pertes, à cette époque, avec un réseau de canalisation presque égal à celui actuel relativement à la production du gaz, n'étaient alors que de $\dfrac{14,43 \times 21^m}{27} = 11,22$, environ par mètre courant de conduite, et cela avec une canalisation qui est évidemment bien inférieure à celle que pourra exécuter la nouvelle Compagnie chargée du service de la banlieue, en lui allouant le prix moyen de 17 fr. par mètre linéaire que nous avons admis, et qui comprend le drainage d'une portion importante du réseau.

Nous croyons, d'après ce qui précède, que l'Administration tiendrait à la Compagnie un compte suffisant des pertes de gaz dans le réseau projeté dans la banlieue en les évaluant à 10 mètres cubes par année et par mètre linéaire de canalisation.

Nous ne devons pas dissimuler à la Commission que ce chiffre de 10 mètres cubes pourra être vivement contesté par la Compagnie, attendu que, faute de données, nous n'avons pu l'établir mathématiquement; mais les explications qui précèdent ont du moins prouvé d'une manière incontestable que le chiffre de $13,76^m$ est trop élevé, et que si la Compagnie veut faire agréer ses propositions par la Ville, elle doit le réduire notablement.

En admettant le chiffre de 10 mètres cubes de perte annuelle par mètre courant de conduite dans la banlieue, les pertes, relativement à la quantité totale de gaz produite, qui ne sont dans le réseau actuel de la Compagnie

Parisienne que de 15.50 p. 0/0, s'élèveraient dans la banlieue à plus de 18.50 p. 0/0.

4° Prix de revient de la fabrication du mètre cube de gaz.

La Compagnie nous a remis deux notes pour établir le prix de revient du gaz. Nous sommes d'accord avec elle sur les chiffres servant de base à ses calculs qui sont extraits de ses comptes de l'exercice de 1858 et que nous avons vérifiés.

Nous admettons, avec la Compagnie, que, dans le prix de revient du gaz, il entre des dépenses qui ne sont pas exactement proportionnelles au volume du gaz fabriqué et que, par suite des frais généraux, le prix de revient du gaz, qui n'est en réalité que la différence entre les dépenses et les bénéfices de l'exploitation, peut augmenter, dans une certaine proportion, dans la banlieue, où la consommation productive du gaz sera moins considérable qu'à l'intérieur de Paris, relativement au développement de la canalisation.

Pour établir la proportionnalité de cette augmentation, la Compagnie, dans une première note **D**, que nous joignons au dossier, mais que nous ne croyons pas nécessaire de lire à la Commission, partait de la base suivante : sans tenir compte des dépenses, elle mettait en regard les produits en argent qu'elle retire actuellement du mètre cube de gaz fabriqué et ceux que doit donner la banlieue, et, au moyen de ce seul élément, elle fixait l'augmentation du prix du gaz dans la banlieue par rapport à Paris. Il résultait de ce mode d'appréciation que c'était par l'évaluation des pertes de gaz, relativement au cube total fabriqué, que la Compagnie se serait fait payer par la Ville un prix plus élevé pour le gaz fabriqué pour le service de la nouvelle zone que pour celui de Paris, tandis que, d'autre part, dans ses propositions, elle met à la charge de la Ville la totalité des pertes évaluées proportionnellement à l'étendue de la canalisation. La Ville aurait par conséquent payé, sous deux formes différentes, les pertes de gaz.

Nous ne pouvions admettre ce mode d'évaluation, et la Compagnie, faisant droit à nos réclamations, a présenté une seconde note E que nous allons lire à la Commission.

Il résulte de cette note que le prix de revient du gaz coûtant à la Compagnie, déduction faite de tout droit de location du sol ou d'octroi, aussi bien à Paris que dans la banlieue, 0 fr. 1181, serait évalué, par elle, pour le réseau complet de la banlieue, pendant la période de douze années sur laquelle elle base ses propositions à la Ville, à 0 fr. 1444, prix bien supérieur à celui de 0 fr. 135 indiqué dans ces mêmes propositions.

Il est facile d'expliquer cette augmentation qui nous paraît fictive. Elle tient aux causes suivantes :

En premier lieu, la Compagnie retranche, à son profit, des bénéfices, une somme de 344,509 fr. 14 qui figure sur son dernier compte rendu à ses actionnaires, du 26 mars 1859, avec le titre *de bénéfices sur les briquetteries, charrois, travaux divers et produits chimiques*. La Compagnie prétend que ces profits résultent d'opérations accessoires qu'elle n'est point tenue de faire et auxquelles la Ville, dès lors, ne peut participer. Cette prétention nous paraît complétement inadmissible, aussi bien pour les traités existants avec la Ville que pour celui qu'elle projette. L'Administration municipale ne pourrait admettre une régie intéressée dans laquelle la gérance viendrait déduire certaines opérations entreprises en réalité avec l'actif social. Il n'y aurait évidemment plus de contrôle possible; l'immixtion des opérations permettrait de ne porter, au compte des entreprises fructueuses qu'on ferait ainsi, aucun des frais généraux qui resteraient uniquement à la charge de la Ville. Nous ne doutons pas que la Compagnie ne renonce à une prétention qui jetterait une juste méfiance sur ses propositions. Si la Ville doit participer aux charges, il faut que la Compagnie agisse avec elle en bon père de famille et l'appelle, pour la part fixée par les contrats, à tous les bénéfices.

En second lieu la note comprend, dans les dépenses à la charge de la Ville, une somme de 586,971 fr. 00 qui figure dans les comptes d'exploitation *pour intérêts de fonds*. Il faut remarquer que, dans la combinaison proposée par la Compagnie, la Ville tient compte, sur une base très-large, des intérêts de tous les capitaux nécessaires aux établissements et à leur développement; qu'elle ne peut, en dehors de cela, avoir à sa charge aucun intérêt d'argent autre que celui du fonds de roulement. Or le fonds de roulement est fixé par les statuts de la Société à un maximum de 1,500,000 fr., ce qui exige, au plus, à 6 p. 0/0, des intérêts annuels de 80,000 fr. Nous devrons par conséquent déduire, pour cet objet, dans les calculs de la note, du chiffre des dépenses, 586,971 fr. — 80,000 fr. = 506,971 fr.

Nous reconnaissons que les dépenses d'entretien des conduites doivent être proportionnelles au développement des conduites; mais nous ne pouvons admettre qu'il en soit de même pour les compteurs; le nombre de ces instruments est évidemment proportionnel à celui des abonnés et par conséquent à la consommation du gaz, et la Compagnie ne payera certainement pas plus cher à ses appareilleurs pour entretenir un compteur dans la banlieue que dans l'intérieur de Paris.

La proportionnalité, par rapport à la longueur des conduites, ne nous paraît pas admissible non plus pour le service des lanternes. Les lanternes devant être espacées à peu près aux mêmes distances moyennes dans la banlieue qu'elles le sont aujourd'hui à Paris, le nombre des allumeurs sera évidemment proportionnel à la quantité de gaz consommé et non à la longueur des conduites. On pourrait tout au plus admettre cet élément pour moitié dans les calculs, en tenant compte, d'une part, de ce que l'éclairage public, établi sur de grandes lignes non reliées par des réseaux transversaux, sera plus difficile, et d'autre part, de ce que la Compagnie perdant sur les frais d'allumage tels qu'ils sont réglés, cette perte est plus sensible dans un réseau où l'éclairage public prend une part relativement plus considérable de la consommation totale.

L'augmentation qui résulterait de l'entretien des usines, du personnel et des frais généraux, nous paraît complétement inadmissible. Nous reconnaissons que s'il s'agissait de former une société nouvelle pour l'éclairage de la banlieue, ces frais ramenés au mètre cube de gaz produit seraient peut-être un peu plus élevés que dans Paris, à cause de la différence de la consommation. Mais la Compagnie Parisienne, qui a un personnel très-considérable, n'aura presque pas à le modifier pour faire le service de la banlieue; elle a de vastes usines, les terrains nécessaires pour les étendre, elle ne les développera par conséquent que proportionnellement à l'augmentation de la consommation. La Compagnie Parisienne a donc une situation exceptionnelle, qui lui permet de faire le service de la banlieue à de meilleures conditions que toute autre, et elle doit faire profiter la Ville de cet avantage si elle veut qu'elle accepte ses conditions.

Il faut bien remarquer, et nous le démontrerons plus tard (note K), que si la Ville restait dans les conditions actuelles de son traité, elle réaliserait, en 1872, sur le partage des bénéfices, avec le capital social actuel de 55,000,000 de francs, des profits considérables auxquels elle renoncera en partie si elle permet à la Compagnie de porter son capital à un taux plus élevé. En compensation de ce sacrifice, il faut que la Compagnie ne cherche pas à marchander à l'Administration municipale les avantages que sa position exceptionnelle lui permet de donner à la Ville.

La théorie même de la Compagnie est contestable sur ce point. Ainsi elle indique, dans la note E que les frais généraux, ceux de personnel et d'entretien d'usine, montent, dans tout son réseau, à 0,0235 par mètre cube de gaz fabriqué, tandis que, pour la Compagnie du Nord dont la consommation par mètre linéaire de conduite est inférieure de moitié environ à celle de la Compagnie Parisienne, les mêmes frais n'entrent dans le prix du mètre cube de gaz que pour 0,021 environ.

En refaisant, en tenant compte des observations qui précèdent, le compte du prix de revient du mètre cube de gaz, nous arrivons aux résultats suivants :

<table>
<tr><td>Volume du gaz fabriqué en 1858................:........</td><td></td><td>mèt. cub.
57,919,628</td></tr>
</table>

Volume du gaz fabriqué en 1858................:.........   mèt. cub. 57,919,628

Recettes..   Fr. 13,722,963 17

Bénéfices..........   fr. 6,113,461 59
Redevances à l'octroi
et droit de location.....   1,112,429 60

TOTAL........   fr. 7,225,891 19 ....   7,225,891 19

Différence 6,497,071 98

A déduire les intérêts d'argent qui ne doivent pas figurer dans ce compte..............................   506,971 00

Reste........   Fr. 5,990,100 98

Ce qui donne une moyenne par mètre cube de

$$\frac{5{,}990{,}100 \text{ fr. } 98}{57{,}919{,}628 \text{ fr.}} = 0{,}1034,$$ et dans Paris, y compris l'octroi et la location du sol, 0,1264 et en forçant 0,127 au lieu de 0,135.

Les dépenses proportionnelles au développement des conduites, que nous admettons seules, sont :

1° L'entretien des conduites....................   Fr. 280,340 15
2° La moitié des frais du service des lanternes......   110,000 00

TOTAL............   Fr. 390,340 15

Soit par mètre linéaire, sur une canalisation totale de 616 kilomètres,

$$\frac{390{,}340{,}15}{616{,}000} = 0 \text{ fr. } 633.$$

La consommation moyenne étant à Paris de 101 mètres cubes de gaz par mètre courant de conduite, et celle de la banlieue évaluée par la Compagnie à 45 mètres, les dépenses proportionnelles au développement des conduites sont :

<table>
<tr><td>1° Dans la zone annexée $\dfrac{0,633}{45} =$ ....</td><td>Fr.
0 01315</td></tr>
<tr><td>2° A Paris $\dfrac{0,633}{101} =$ ....</td><td>0 00626</td></tr>
<tr><td>Différence............</td><td>0 00689</td></tr>
<tr><td>En l'ajoutant à la moyenne générale trouvée précédemment, ci............</td><td>0 10340</td></tr>
<tr><td>Le prix total à adopter pour le mètre cube de gaz dans la zone annexée est de............</td><td>Fr.
0 11029</td></tr>
</table>

Comme la Compagnie pourrait contester ce chiffre, basé sur quelques données hypothétiques, nous avons cherché encore un élément de comparaison dans la gestion de la Compagnie du Nord.

<table>
<tr><td>Dans son dernier exercice cette association a reçu...</td><td>Fr.
848,885 46</td></tr>
<tr><td>Les bénéfices ont monté à....................</td><td>356,350 21</td></tr>
<tr><td>Différence.........</td><td>492,535 25</td></tr>
<tr><td>Mais dans cette somme il entre des droits d'octroi payés à Batignolles, à raison de 3 francs la tonne de houille, pour une somme de............</td><td>33,978 00</td></tr>
<tr><td>Les dépenses totales de la fabrication du gaz ne se sont donc élevées, déduction de tout droit d'octroi, qu'à....</td><td>Fr.
458,557 25</td></tr>
<tr><td>La production du gaz ayant été de............</td><td>mèt. cub.
3,593,000</td></tr>
</table>

Le prix du mètre cube a été de $\dfrac{458,557,25}{3,593,000} = 0$ fr. 128.

Mais la Compagnie du Nord a des usines mal installées. Ses fours ne sont pas adossés et elle perd une grande quantité de calorique. En moyenne, dans son dernier exercice, elle n'a produit avec 15,800 tonnes de charbon que 3,593,000 mètres cubes de gaz, ce qui donne par tonne $\dfrac{3,593,000}{15,800} = 227^{mc}$ de gaz. La Compagnie Parisienne produit en moyenne avec la même quantité de houille, lui revenant au même prix, 23 fr., 240 mètres cubes de gaz.

Il y a par conséquent à économiser sur la fabrication défectueuse de la Compagnie du Nord $\frac{23}{227} - \frac{23}{240} = 0,005$, ce qui réduirait le prix de revient pour le réseau de la Compagnie du Nord à 0,123, chiffre supérieur de 0,013 environ à celui que nous avons trouvé par nos calculs directs. Il y aurait peut-être lieu, en tenant compte de ce résultat, d'établir une moyenne entre les deux chiffres obtenus, ce qui porterait le prix de revient à 0,0115 environ. En ajoutant le droit d'octroi fixé par le décret du 25 juillet 1855, à 0,02 par mètre cube, on trouve que, moyennant l'allocation du prix de 0,135 qu'elle demande pour la fabrication du mètre cube de gaz, la Compagnie devrait payer le droit d'octroi sur le gaz qu'elle produira dans le réseau de la banlieue.

CONCLUSIONS.

Nos appréciations différant sur quelques points de celles de la Compagnie, nous avons dû refaire, en admettant nos chiffres, les trois tableaux qu'elle a présentés pour établir les charges de l'entreprise de la banlieue ; ces tableaux rectifiés sont joints au dossier avec les lettres F, G, H.

Nous soumettons enfin à la Commission une note I fournie par la Compagnie pour justifier le chiffre de l'augmentation de capital qu'elle réclame, et deux autres notes que nous avons rédigées ; l'une K pour établir le chiffre de la participation de la Ville dans les bénéfices de la Compagnie, en 1872, au moment du partage, dans l'hypothèse où la Compagnie ne conserverait que le réseau concédé par le décret du 25 juillet 1855 ; la seconde L dans l'hypothèse où le système proposé par la Compagnie pour l'éclairage de la banlieue serait admis avec les modifications résultant de nos calculs.

Paris, le 12 mars 1860.

L'Ingénieur en chef,

A. ALPHAND.

L'Inspecteur général directeur du service municipal des travaux publics de Paris,

MICHAL.

A.

NOTE sur la longueur de la canalisation du gaz sur les voies plantées de Paris, jusqu'aux anciens boulevards extérieurs inclusivement, en supposant une canalisation double sur chaque voie.

1° Voies anciennes.

	mètres.
Rues...	7,821
Quais (la canalisation n'est pas placée sur les trottoirs plantés des quais, sauf sur ceux de Billy, de la Conférence et du Canal.)................	12,000
Boulevards, y compris les boulevards extérieurs......................	67,388
Avenues..	25,841
TOTAL des voies existantes....	113,050

2° Voies nouvelles exécutées ou projetées.

	mètres.
Boulevards de Chaillot...................................	7,000
Boulevard Beaujon.......................................	2,000
Boulevard Monceau.......................................	1,400
Boulevard Malesherbes....................................	2,400
Boulevard de Magenta....................................	3,600
Boulevard du Prince-Eugène et des Amandiers................	5,400
Boulevard de Vincennes..................................	4,200
Boulevards de Sébastopol.................................	5,600
Boulevards Saint-Marcel..................................	5,200
Boulevard de l'Alma (rive gauche).........................	2,800
Avenue du Champ-de-Mars................................	900
Boulevard Saint-Germain..................................	2,800
TOTAL des voies nouvelles ou projetées.....	43,300
à ajouter pour les voies anciennes....	113,050
TOTAL GÉNÉRAL.....	156,350

	Fr.
Le prix du drainage étant en moyenne de 3 francs, la dépense du drainage dans Paris s'élèverait à,...................................	469,050

Paris, le 12 mars 1860.

L'Ingénieur en chef,

A. ALPHAND.

B.

NOTE sur l'étendue du Réseau à canaliser dans la Banlieue
pour l'éclairage d'ici à 1872.

______

1° Voies existantes ou projetées à canaliser en entier.

	mètres.
Rue Militaire	31,890
Rue nouvelle à Auteuil, entre le pont de Grenelle et le bois de Boulogne	1,400
Boulevard Beauséjour (Passy)	630
Boulevard de Montmorency (Auteuil)	935
Avenue de la Faisanderie (Passy)	775
Boulevard de l'Empereur, double (Passy)	2,600
Avenue de Saint-Denis	900
Avenue de l'Impératrice, (double) rues latérales	2,200
Rue Neuve, devant le parc de Montmorency (Auteuil)	400
Boulevards Pereire et rue de Rome (Batignolles, Neuilly)	5,500
Boulevard de l'Étoile (Neuilly, Batignolles), (double)	2,040
Boulevard de Neuilly (Neuilly, Batignolles), (double)	3,640
Boulevard Malesherbes (Batignolles), (double)	2,440
Deux boulevards se dirigeant de la place de l'Étoile dans les Ternes, (double)	5,000
Boulevard projeté de Vincennes, (double)	800
Voie circulaire projetée à moitié distance entre les fortifications et les anciens boulevards extérieurs	29,000
TOTAL	90,160

2° Voies déjà éclairées en partie, qu'il y a lieu d'éclairer entre le point où s'arrête actuellement la canalisation et les fortifications, pour le service de l'Octroi.

	mètres.
Rue de Villers (Neuilly)	500
Rue de Courcelles (Batignolles)	300
Route d'Asnières (Batignolles)	400
Avenue de Clichy (Batignolles), double	900
Avenue de Saint-Ouen (Montmartre), double	1,800
Chemin des Portes-Blanches (Montmartre)	1,000
A reporter	3,900

	mètres.
Report	3,900
Rue des Fillettes (La Chapelle)	600
Quai du canal Saint-Denis (La Villette), double	1,200
Route de Flandre (La Villette), double	1,000
Quai du canal Saint-Martin (La Villette), double	2,400
Route d'Allemagne (La Villette), double	400
Rue des Prés-Saint-Gervais	400
Rue de Pantin et de Vincennes	1,200
Rue du Parc (Ménilmontant)	700
Rue de Paris et route de Bagnolet (Ménilmontant)	1,700
Rue de Montreuil (Charonne)	1,000
Cours de Vincennes (Saint-Mandé), double	2,100
Avenue du Bel-Air (Saint-Mandé), double	1,400
Chemin de Reuilly (Saint-Mandé)	1,000
Rue de Charenton (Bercy)	1,100
Quai de Bercy (Bercy)	1,500
Rue Chevaleret (Ivry)	700
Rue d'Ivry (Ivry), double	1,900
Route de Choisy (Ivry), double	2,200
Rue du Bel-Air (Gentilly)	850
Rue de la Glacière (Gentilly)	400
Chemin des Prêtres (Montrouge)	1,100
Rue du Chemin-Vert (Montrouge)	1,000
Route de Châtillon (Montrouge)	700
Rue Vanves (Vanves)	500
Rue Notre-Dame (Vaugirard)	900
Rue de Sèvres (Vaugirard)	1,600
Rue des Vaches (Grenelle)	1,100
Avenue Saint-Charles (Grenelle)	600
Chemin de Javel (Grenelle)	500
Quai de Javel (Grenelle)	600
Chemin de Billancourt (Auteuil)	350
TOTAL	37,600
TOTAL des voies nouvelles ci-dessus	90,150
TOTAL	127,750
En ajoutant pour l'extension de la canalisation actuelle dans l'étendue des communes annexées pendant 12 années	54,250
L'étendue de la canalisation à faire dans la banlieue s'élèverait à	182,000

Paris, le 12 mars 1860.
L'Ingénieur en chef.

A. ALPHAND.

C.

NOTE sur la longueur de la canalisation du Gaz sur les voies plantées de la Banlieue annexée à Paris.

---

	mètres.
Rue Militaire	31,890
Voies spéciales au service des plantations	14,678
Voies comprises dans la 1re section d'ingénieur (rive droite)	18,800
id. 2e section (rive droite)	9,613
id. 3e section (rive gauche)	9,382
TOTAL	84,363
Voies projetées dans la banlieue exécutables avant 1872	29,000
TOTAL des voies plantées canalisées ou à canaliser dans la banlieue	113,363

	fr.
Drainage à 3 fr. le mètre	340,089

Réparti sur une canalisation de 400 kilomètres, la moyenne des dépenses sur l'ensemble de la canalisation sera de $\dfrac{340{,}089\ \text{fr.}}{400{,}000\ \text{m.}} =$

	fr. c.
	0 85

Si la canalisation était réduite à 350,000m, la dépense par mètre serait de

	fr. c.
	0 99

Paris, le 12 mars 1860.

L'Ingénieur en chef,

A. ALPHAND.

D.

PRIX DE REVIENT DU GAZ.

Note de la Compagnie Parisienne.

Dans le prix de revient du gaz il entre des dépenses dont les unes sont exactement proportionnelles au volume de gaz fabriqué, d'autres qui sont entièrement indépendantes de ce volume, et qui varient proportionnellement à l'étendue de la canalisation ; il en est enfin d'une troisième catégorie, qui ne sont ni exactement proportionnelles soit à la fabrication, soit à l'étendue de la canalisation, mais qui sont influencées, tout à la fois, par le développement de la fabrication et de la canalisation.

Il est facile de déterminer les dépenses proportionnelles au volume du gaz fabriqué, de même que celles qui augmentent en raison directe de la longueur de la canalisation. Mais quant à celles qui ne sont qu'influencées soit par l'augmentation de fabrication, soit par le développement de la canalisation, il n'est pas aisé de formuler la loi suivant laquelle elles augmentent au fur et à mesure de l'accroissement de la consommation de gaz et de la longueur des conduites.

Tout calcul direct du prix de revient du gaz conduit à des chiffres contestables, car le prix de revient qu'il faut établir se compose non-seulement des dépenses en matières de distillation, de chauffage, d'épuration, en main-d'œuvre, etc., mais encore des frais d'administration et de vente, des pertes par les conduites, de ce qu'on nomme enfin les frais généraux qui grèvent le prix de revient du gaz d'autant plus lourdement que la consommation à laquelle ils s'appliquent est plus restreinte.

Ce prix de revient est donc le résultat final de toute opération industrielle, c'est-à-dire la différence entre la recette et le bénéfice.

Considéré à ce point de vue, il n'est pas le même dans la zone annexée que dans Paris, bien que le gaz qui alimente l'une et l'autre localité soit fabriqué dans les mêmes usines. On doit, en effet, prélever sur le produit de la vente du gaz dans la banlieue plus de faux frais que dans Paris. Ainsi, tous les faux frais portent, à Paris, sur une consommation de 101 mètres cubes de gaz par mètre de conduite, tandis que dans la zone annexée, ils ne se répartissent que sur une consommation de 54 mètres cubes par mètre de conduite. Le bénéfice réalisé dans la banlieue est donc moindre que celui réalisé dans Paris. Cette diminution équivaut réellement à une augmentation de prix de revient, puisque les prix de vente sont les mêmes.

La consommation totale de gaz a été, en 1858, pour tout l'éclairage dont la Compagnie est chargée, de 57,919,628 mètres cubes.

Savoir :

	mètres cubes.
Dans Paris	52,082,543
Dans la zone annexée	5,432,600
Hors fortification	404,485
TOTAL ÉGAL	57,919,628

fr.   c.

Les recettes totales se sont élevées à...................... 13,722,963 17.

Savoir :

	fr.	c.
Pour Paris....................	12,539,696	56
Zone annexée.................	1,109,622	77
Hors fortification..............	73,643	84
TOTAL ÉGAL.....	13,722,963	17

Il suit de ces données que le mètre cube de gaz a produit :

Savoir :

Dans Paris....................	0,241	
Dans la zone annexée..........	0,204	0,037
Hors des fortifications..........	0,182	0,059

Les prix de vente étant les mêmes dans la banlieue qu'à Paris, il en résulte que le coût du mètre cube de gaz, c'est-à-dire la différence entre la recette et le bénéfice, est de 0ᶠ037 plus élevé dans la zone annexée que dans Paris.

	fr.	c.	fr.	c.
Les recettes se sont élevées à................	....		13,722,963	17
Les bénéfices à............................	6,113,461	59		

mais il faut remarquer que le gaz vendu dans Paris est frappé d'une redevance de 2 centimes par mètre cube, et, de plus, grevé d'un droit de location de sous-sol de 200,000 francs.

Ces deux taxes, qui figurent dans les dépenses, se sont élevées à............................ : 1,112,429 60

Si elles en avaient été distraites, les bénéfices auraient été de... 7,225,891 19
la dépense de production et de vente de 57,919,628 mètres cubes de gaz se serait donc élevée à.............................. 6,497,071 98
pour tout le réseau de la Compagnie Parisienne.

Soit x le prix du mètre cube de gaz applicable à Paris, celui de la zone annexée sera ($x \times 0,037$), celui hors fortifications ($x \times 0,059$), et l'on doit avoir l'égalité suivante :

$$x\,(52,082,543) + (x + 0,037)\,5,432,600 + (x + 0,059)\,404,485 = 649,707,198.$$

D'où l'on déduit :

1º Pour Paris... 0ᶠ108
non compris la redevance de 0ᶠ02 et la location du sous-sol (qui sont de 0ᶠ023, et portent définitivement ce prix à 0ᶠ131) ;

2º Pour la zone... 0ᶠ145 ;

3º Pour la banlieue... 0ᶠ167.

Ils comprennent la dépense de matières, de main-d'œuvre, les frais d'entretien d'usines et de canalisation, ceux de vente et d'administration, et, en un mot, tous les frais généraux. Ces diverses dépenses grèvent d'autant moins le prix de revient que la consommation est plus grande. Le prix de 0f145 relatif à la zone annexée ira donc en diminuant au fur et à mesure de l'accroissement de l'éclairage.

Nous voyons par ce qui précède que, lorsque la consommation s'élève de..... ....:...................:.... 5,432,600^{mc}

à..:.. 52,082,543

c'est-à-dire augmente de..................................... 46,649,943^{mc}

il y a une diminution de 0f037 dans le coût du mètre cube de gaz.

En supposant cette diminution proportionnelle à l'accroissement des consommations, nous pouvons calculer de combien sera réduit le prix de 0f145 qui s'applique en ce moment à une consommation de................... .... 5,432,600^{mc}

lorsque cette consommation sera de......................... 17,952,054

c'est-à-dire augmentée de..................................... 12,519,454^{mc}

Le chiffre de 17,952,054 est celui de la consommation moyenne annuelle que nous avons supposée dans la zone annexée, pendant la période de douze ans. Nous aurons, pour calculer cette réduction, la proportion suivante :

$$46,649,943 : 12,519,454 :: 0,037 : x = 0,010.$$

Ainsi, le coût moyen du mètre cube de gaz, qui est, dans l'état actuel de la consommation, de 0f145, sera réduit, pour la consommation moyenne de 17,952,054, à 0f135, comme nous l'avons indiqué dans la note remise à l'Administration municipale.

Vu par l'ingénieur en chef soussigné, pour être joint à son rapport en date de ce jour.

Paris, le 12 mars 1860.

A. ALPHAND.

E.

PRIX DE REVIENT DU GAZ.

Note de la Compagnie Parisienne.

Dans le prix de revient du gaz il entre des dépenses dont les unes sont exactement proportionnelles au volume de gaz fabriqué, d'autres qui sont entièrement indépendantes de ce volume et qui varient proportionnellement à l'étendue de la canalisation ; il en est enfin d'une troisième catégorie qui ne sont ni exactement proportionnelles soit à la fabrication, soit à l'étendue de la canalisation, mais qui sont influencées tout à la fois par le développement de la fabrication et de la canalisation.

Il est facile de déterminer les dépenses proportionnelles au volume de gaz fabriqué, de même que celles qui augmentent en raison directe de la longueur de la canalisation. Mais quant à celles qui ne sont qu'influencées soit par l'augmentation de fabrication, soit par le développement de la canalisation, il n'est pas aisé de formuler la loi suivant laquelle elles augmentent au fur et à mesure de l'accroissement de la consommation de gaz et de la longueur des conduites.

Tout calcul direct du prix de revient du gaz conduit à des chiffres contestables ; car le prix de revient qu'il faut établir se compose non-seulement des dépenses en matières de distillation, de chauffage, d'épuration, en main-d'œuvre, etc., mais encore des frais d'administration et de vente, des pertes par les conduites, de ce qu'on nomme enfin les frais généraux qui grèvent le prix de revient du gaz d'autant plus lourdement que la consommation à laquelle ils s'appliquent est plus restreinte.

Ce prix de revient est donc le résultat final de toute opération industrielle, c'est-à-dire la différence entre la recette et le bénéfice.

Considéré à ce point de vue, il n'est pas le même dans la zone annexée que dans Paris, bien que le gaz qui alimente l'une et l'autre localité soit fabriqué dans les mêmes usines. On doit, en effet, prélever sur le produit de la vente du gaz dans la banlieue plus de faux frais que dans Paris. Ainsi, tous les faux frais portent, à Paris, sur une consommation de 101 mètres cubes de gaz par mètre de conduite, tandis que dans la zone annexée ils ne se répartissent que sur une consommation de 54 mètres cubes par mètre de conduite ; le bénéfice réalisé dans la banlieue est donc moindre que celui réalisé dans Paris. Cette diminution équivaut réellement à une augmentation de prix de revient, puisque les prix de vente sont les mêmes.

La consommation totale de gaz a été, en 1858, pour tout l'éclairage dont la Compagnie est chargée, de 57,919,628 mètres cubes.

Savoir :

mètres cubes.

Dans Paris......................	52,082,543
Dans la zone annexée.............	5,432,600
Hors fortification.................	404,485
Total égal........	57,919,628

	fr. c.	fr. c.
Les recettes se sont élevées à.................		13,722,963 17
Les bénéfices à :		
6,113,461 59 — 344,509 14 ==	5,768,952 45	
La redevance de 2 centimes et la location du sous-sol à...............................	1,112,429 60	6,881,382 05
La dépense de production et de vente de 57,919,628 mètres cubes de gaz a donc été de....		6,841,581 12
Ce qui donne une moyenne générale par mètre cube de.................................		0,1181
Les dépenses proportionnelles au développement des conduites sont :		
1° Entretien des conduites...................	280,304 15	
2° Service des lanternes....................	219,063 »	
3° Entretien des compteurs.................	100,000 »	
Total........	599,367 15	

Soit par mètre $\dfrac{599,367 \ 15}{616,000 \ \ \ »} = 0,9730$.

Si l'on cherche ce que cette dépense par mètre de conduites représente par mètre cube de consommation, on voit qu'à Paris la consommation spécifique est de :

$$\frac{52,082,543}{515,000} = 101^{mc}.$$

La même consommation sera, dans la zone annexée, en prenant la consommation moyenne supposée des douze ans :

$$\frac{17,952,000}{400,000} = 45^{mc}.$$

Les dépenses proportionnelles au développement des conduites, rapportées au mètre cube de gaz, représenteront donc, savoir :

1° A Paris............ $\dfrac{0,9730}{101} = 0,0096$;

2° Dans la zone annexée. $\dfrac{0,9730}{45} = 0,0217$.

La différence doit être ajoutée à la moyenne générale ci-dessus............ 0,1181
pour savoir de combien la dépense afférente à la zone est plus élevée que celle afférente à Paris... 0,0121

Total.............. 0,1302

Les dépenses qui ne sont proportionnelles ni à la consommation ni au développement des conduites, ne peuvent être réparties avec certitude, puisqu'on ne connaît pas la loi de leur variation suivant que la consommation de gaz ou la longueur des conduites augmentent. Il est cependant incontestable qu'elles grèvent plus le prix du mètre cube d'une faible consommation que d'une grande.

Ces dépenses sont :

	fr.	c.
1° Entretien des usines et machines, autre que celui relatif à l'entretien des fours et cornues...........................	161,497	82
2° Personnel des usines (employés au mois)..................	179,601	08
3° Personnel de l'administration............................	526,055	99
4° Frais accessoires..	20,952	26
5° Frais généraux..	276,464	04
6° Subvention à la Caisse de prévoyance.....................	21,590	65
7° Éventualité à liquider...................................	175,000	»
Total..................	1,361,161	84

Si l'on suppose les dépenses proportionnelles au développement du périmètre, elles représenteraient par mètre courant

$$\frac{1,361,161 \text{ fr. } 84 \text{ c.}}{616,000 \text{ fr. } »} = 2,2096 \text{ fr.}$$

Et le gaz de Paris serait grevé par mètre cube de :

$$\frac{2,2096}{101} = 0,0218.$$

Celui de la zone annexée de :

$$\frac{2,2096}{45} = 0,0502.$$

Dans l'impossibilité de faire la part de ces dépenses afférentes soit à la consommation, soit à l'étendue du périmètre, nous prendrons une moyenne.

On aurait alors pour :

1° Paris............. $\dfrac{0{,}0235 + 0{,}0218}{2} = 0{,}0226.$

2° La zone annexée.... $\dfrac{0{,}0235 + 0{,}0502}{2} = 0{,}0368.$

Différence à ajouter au prix................................... 0,0142
applicable à la zone annexée.................................. 0,1302

Prix définitif applicable à la zone annexée.................... 0,1444

Vu par l'ingénieur en chef soussigné, pour être joint à son rapport en date de ce jour.

Paris, le 12 mars 1860.

A. ALPHAND.

F.

1er TABLEAU.

Réseau canalisé actuellement dans la banlieue.

(168 kilomètres.)

Ce premier tableau, comme celui analogue dressé par la Compagnie, est destinée à faire connaître les résultats de l'exploitation isolée de la fourniture du gaz dans le réseau canalisé actuellement et divisé entre les trois Compagnies, Parisienne, du Nord et de l'Est, de 1861 à 1872.

La consommation s'est élevé en 1858 à 9,146,100 mètres cubes de gaz employés et répartis comme l'indique le tableau suivant :

COMPAGNIES.	ÉCLAIRAGE PARTICULIER.	ÉCLAIRAGE PUBLIC.	PERTES DE GAZ.	TOTAUX.
	m. c.			
Parisienne...............	3,182,000	908,000	1,342,600	5,432,600
Du Nord................	1,866,000	380,000	728,500	2,974,500
De l'Est...............	594,000	42,000	103,000	739,000
	5,642,000	1,330,000	2,174,100	9,146,100

Jusqu'en 1860 l'éclairage public ne subira aucune modification, les traités provisoires faits avec les Compagnies ne permettant pas d'accroître la canalisation. Dans ces deux premières années l'éclairage public suivra une progression déjà constatée pour 1859, à 9 p. 0/0 environ de l'année précédente. Dans l'année 1860 il y aura nécessairement une diminution à cause de l'annexion qui éloigne certains établissements ; mais par contre, dans l'hypothèse du traité projeté, le prix du gaz notablement abaissé de 0ʳ40 à 0ʳ30 dans les communes importantes de Batignolles, la Chapelle, Bercy, Charonne et Saint-Mandé doit donner un accroissement considérable de consommation ; on sait que, dans Paris, cet accroissement s'est élevé dans une seule année à 19 p. 0/0 environ. Il n'y a donc pas d'exagération à supposer, comme nous l'avons fait dans le tableau suivant, que la consommation particulière s'élèvera de 8 p. 0/0 en 1860.

Au delà, la consommation du gaz se faisant dans les conditions normales, nous croyons qu'il ne faut pas rechercher la loi de l'accroissement de l'éclairage privé, dans les résultats obtenus par la Compagnie Parisienne, mais bien dans la gestion des anciennes Compagnies qui l'ont précédée. Or, il résulte des chiffres que nous a fournis la Compagnie Parisienne, que la consommation du gaz, qui n'était en 1846 que de 22,136,000, atteignait en 1855, 37,778,000. Malgré les événements de 1848, il y a donc eu dans cette période une progression moyenne annuelle de 7 p. 0/0 sur la production en 1846. Nous avons adopté cette base évidemment très-modérée pour apprécier l'accroissement probable de la consommation du gaz livré à l'éclairage privé dans le réseau canalisé de la banlieue.

Nous admettons avec la Compagnie la nécessité d'augmenter l'éclairage public dans la banlieue, en le rendant permanent, en portant les becs à la 2e série et en élevant successivement en cinq années de 2,000 le nombre des becs. Ce supplément de l'éclairage public consommera, à raison de 511 mètres cubes par an et par bec, un volume de 1,022,000 mètres de gaz par an.

En appliquant les résultats indiqués dans notre rapport, les pertes devront être réduites à 10 mètres cubes par mètre linéaire de conduite et par an, à partir de 1861 où l'on compte à la Compagnie l'intérêt de 9 p. 0/0 du capital nécessaire pour remettre en bon état toute la canalisation existante. Nous avons cru toutefois devoir maintenir dans le tableau suivant le chiffre actuel de ces pertes. Cette appréciation, acceptable dans des données hypothétiques pour avoir des évaluations de bénéfices très-modérés, ne saurait être admise cependant dans un traité définitif.

Le tableau suivant, dressé d'après ces bases, indique que le capital de 1er établissement fixé en 1858 à 7,429,050 francs ainsi répartis :

168,000 mètres de canalisation drainée à 17 fr. le mètre cube...	2,856,000f	»
Usines d'une puissance de production de 9,146,100 mètres cubes de gaz à 500 fr. par 1,000 mètres cubes......................	4,573,050	»
Total pareil...........	7,429,050	»
s'élèvera en 1872, calculé sur les mêmes bases, à................	11,187,427	»
et que dans la période de 1861 à 1872 les bénéfices s'élèveront à...	5,086,225f	»

Évaluation des Charges et des Bénéfices

Du 1er Janvier 1861

RÉSEAU

TABLEAU N° 1.

ANNÉES.	CAPITAL de 1er ÉTABLISSEMENT au 1er janvier.	DÉVELOPPEMENT DES USINES correspondant à l'éclairage, (500 fr. par mille mètres par an).		CAPITAL de 1er ÉTABLISSEMENT.	CONSOMMATION DE GAZ SUR LE RÉSEAU ACTUEL DE LA BANLIEUE.			CONSOMMATION TOTALE annuelle.
		PARTICULIER.	PUBLIC.		ÉCLAIRAGE des abonnés.	ÉCLAIRAGE public.	PERTES par les conduites	
1858	»	»	»	7,429,050	5,612,000	1,330,000	2,174,100	9,146,100
1859	7,429,050	253,890	»	7,682,940	6,149,780	1,330,000	2,174,100	9,653,880
1860	7,682,940	245,991	»	7,928,931	6,581,662	1,330,000	2,174,100	10,085,762
1861	7,928,931	228,958	102,200	8,260,089	6,999,578	1,534,400	2,174,100	10,708,078
1862	8,260,089	228,958	102,200	8,591,247	7,457,491	1,738,800	2,174,100	11,370,394
1863	8,591,247	228,958	102,200	8,922,405	7,915,410	1,943,200	2,174,100	12,032,710
1864	8,922,405	228,958	102,200	9,253,563	8,373,326	2,147,600	2,174,100	12,695,026
1865	9,253,563	228,958	102,200	9,584,721	8,831,342	2,352,000	2,174,100	13,357,442
1866	9,584,721	228,958	»	9,813,679	9,289,258	2,352,000	2,174,100	13,815,358
1867	9,813,679	228,958	»	10,042,637	9,747,172	2,352,000	2,174,100	14,273,272
1868	10,042,637	228,958	»	10,271,595	10,205,088	2,352,000	2,174,100	14,731,188
1869	10,271,595	228,958	»	10,500,553	10,663,004	2,352,000	2,174,100	15,189,104
1870	10,500,553	228,958	»	10,729,511	11,120,910	2,352,000	2,174,100	15,647,010
1871	10,729,511	228,958	»	10,958,469	11,578,826	2,352,000	2,174,100	16,104,926
1872	10,958,469	228,958	»	11,187,427	12,036,742	2,352,000	2,174,100	16,562,842
					114,218,150	26,180,000	26,089,200	166,487,350

du service du gaz dans la zone annexée,

AU 31 Décembre 1872.

ACTUEL.

DÉPENSES.			PRODUITS.			RÉSULTATS.	
COÛT DU GAZ à 0f 135 y compris 0,02 d'octroi.	PRÉLÉVEMENT de 9 p. % du coût de 1er établissement.	TOTAL.	ÉCLAIRAGE public à 0f 15.	ÉCLAIRAGE particulier à 0f 30.	TOTAL.	PERTES.	BÉNÉFICES.
1,234,723	668,614 50	1,903,338	199,500	1,692,600	1,892,100	11,238	»
1,303,273	691,464 60	1,994,738	199,500	1,844,934	2,044,434	»	49,696
1,361,577	713,603 79	2,075,181	199,500	1,974,498	2,173,998	»	98,817
1,445,590	743,408	2,188,998	230,160	2,099,873	2,330,033	»	141,035
1,535,003	773,212	2,308,215	260,820	2,237,248	2,498,868	»	189,853
1,624,416	803,016	2,427,432	291,480	2,374,623	2,666,103	»	238,671
1,713,828	832,820	2,546,648	322,140	2,511,998	2,834,138	»	287,490
1,803,255	862,625	2,665,880	352,800	2,649,402	3,002,202	»	336,322
1,865,074	883,231	2,748,305	352,800	2,786,777	3,139,577	»	391,272
1,926,891	903,837	2,830,728	352,800	2,924,151	3,276,951	»	446,223
1,988,710	924,443	2,913,153	352,800	3,061,526	3,414,326	»	501,173
2,050,529	945,050	2,995,579	352,800	3,198,901	3,551,701	»	556,122
2,112,346	965,656	3,078,002	352,800	3,336,273	3,689,073	»	611,071
2,174,165	986,262	3,160,427	352,800	3,473,648	3,826,448	»	666,021
2,235,983	1,006,868	3,242,851	352,800	3,611,023	3,963,823	»	720,972
							5,086,225

Dressé par l'Ingénieur en chef soussigné,
Paris, le 14 mars 1860.

A. ALPHAND.

8

G.

2ᵉ TABLEAU.

Réseau à canaliser.

(182 kilomètres.)

Ce tableau, comme celui analogue présenté par la Compagnie, fait connaître les résultats hypothétiques, de 1861 à 1872, d'une exploitation isolée de la fourniture du gaz dans le réseau à canaliser, fixée par la note B à............................... 182,000ᵐ

La majeure partie de cette canalisation devra être effectuée dans les trois premières années. Ainsi la rue Militaire, les voies nouvelles en cours d'exécution à Passy, à Batignolles, Auteuil, Bercy et Saint-Mandé, comme les voies conduisant aux nouvelles entrées de l'octroi dans les fortifications, occupant un parcours de 100 kilomètres environ, doivent être canalisées presque immédiatement.

Pour satisfaire aux autres besoins, nous avons supposé que le réseau à canaliser dans les trois premières années s'élèverait à 112 kilomètres et que le reste de la canalisation serait réparti sur les sept années suivantes.

Sur une canalisation de 182 kilomètres, les lanternes publiques, à une distance moyenne de 35 mètres environ, comme sur la rue Militaire, seront au nombre de 5,200. Ces lanternes de 2ᵉ série, brûlant chacune 140 litres de gaz à l'heure et pour 3,650 heures, 511 mètres cubes, donneront lieu à une consommation annuelle de 2,657,200 mètres cubes de gaz qui se produira successivement à mesure de la canalisation.

La Compagnie suppose qu'au début on n'aura qu'une consommation particulière de 10 mètres cubes de gaz par mètre linéaire de conduite et par année. Nous admettons cette évaluation très-modérée et nous supposons seulement un accroissement annuel de 7 p. 0/0 sur le chiffre de consommation de l'année précédente.

Les pertes de gaz sont d'ailleurs évaluées à raison de 10 mètres cubes par année et par mètre linéaire de conduite comme nous l'avons indiqué dans le rapport dont cette note forme une annexe.

Ces bases posées, les consommations de gaz dans le réseau à canaliser s'élèveront à 7,891,456 mètres ainsi répartis :

1° Éclairage particulier (colonne 6 du tableau).....................	3,414,256
2° Éclairage public (colonne 7).................................	2,657,200
3° Pertes de gaz (colonne 8)................................	1,820,000
Total pareil..........	7,891,456

D'après l'ensemble des données qui précèdent, le capital de 1er établissement, colonne 4, s'élèvera à................................... 7,039,728
à savoir :

182 kilomètres de canalisation à 17 fr...........................	3,094,000
Usines d'une puissance de production de 7,891,456 mètres cubes de gaz à 500 fr. par 1,000 mètres cubes.............................	3,945,728
Total pareil..........	7,039,728

Nous admettons avec la Compagnie que le capital de 1er établissement des usines ne peut pas être uniquement proportionnel à l'accroissement de la production du gaz au moment où elle s'opère et qu'il doit peser, pour une plus forte proportion sur les premières années. Nous avons supposé, en conséquence, dans le tableau n° 2, que la dépense résultant de la consommation du gaz serait augmentée de 500,000 fr. dans chacune des années 1861 et 1862, et qu'ensuite cette somme totale de 1,000,000 serait retranchée par annuités de 200,000 fr. à partir de 1863.

Évaluation des Charges et des Bénéfices

Du 1er Janvier 1861

RÉSEAU NOUVEAU DE 182,000 MÈTRES DE

TABLEAU Nº 2.

| ANNÉES. | CAPITAL DE 1er ÉTABLISSEMENT. | | | | CONSOMMATION DU GAZ SUR LE NOUVEAU RÉSEAU. | | | CONSOMMATION |
| | DÉPENSES ANNUELLES. | | | DÉPENSES | ÉCLAIRAGE | ÉCLAIRAGE | PERTES par les conduites, 10mc par mètre de conduite. | |
	Canalisation.	Usines.	Total.	cumulées.	particulier.	public.		TOTALE.
1861	680,000	1,181,050	1,861,050	1,861,050	400,000	562,100	400,000	1,362,100
1862	629,000	1,139,500	1,768,500	3,629,550	798,000	1,073,100	770,000	2,641,100
1863	595,000	633,430	1,228,430	4,857,980	1,203,800	1,584,100	1,120,000	3,907,950
1864	170,000	18,785	188,785	5,016,765	1,388,130	1,737,400	1,220,000	4,345,530
1865	170,000	26,735	196,735	5,243,500	1,587,299	1,891,700	1,320,000	4,798,999
1866	170,000	32,206	202,206	5,445,706	1,798,410	2,045,000	1,420,000	5,263,410
1867	170,000	39,594	209,594	5,655,300	2,021,298	2,198,300	1,520,000	5,742,598
1868	170,000	47,500	217,500	5,872,800	2,265,999	2,351,600	1,620,000	6,237,599
1869	170,000	255,960	425,960	6,298,760	2,524,619	2,504,900	1,720,000	6,749,519
1870	170,000	261,511	431,511	6,733,271	2,801,342	2,657,200	1,820,000	7,278,542
1871	»	148,047	148,047	6,881,318	3,097,436	2,657,200	1,820,000	7,574,636
1872	»	158,110	158,110	7,039,728	3,114,256	2,657,200	1,820,000	7,591,456
	3,091,000	3,945,728	7,039,728		23,303,619	23,919,800	16,570,000	63,793,449

du service du Gaz, dans la zône annexée,

au 31 Décembre 1872.

CANALISATION A ÉTABLIR EN 10 ANNÉES.

| DÉPENSES. | | | PRODUITS. | | | RÉSULTATS. | |
COÛT DU GAZ à 0f 135 le mètre cube, y compris 0,02 de droit d'octroi.	PRÉLÈVEMENT de 0 p. º/o du capital de 1er établissement.	TOTAL.	ÉCLAIRAGE public à 0f 15.	ÉCLAIRAGE particulier à 0f 33.	TOTAL.	PERTES.	BÉNÉFICES.
183,883	167,494	351,377	84,315	120,000	204,315	147,062	»
356,548	326,559	683,207	160,965	239,400	400,365	282,842	»
527,574	437,218	964,792	237,615	361,158	598,773	366,019	»
586,646	454,209	1,040,855	260,610	416,439	677,049	363,806	»
647,665	471,915	1,119,580	283,755	476,190	759,945	359,635	»
710,560	490,113	1,200,673	306,750	539,523	846,273	354,400	»
775,251	508,977	1,284,228	329,745	607,289	937,034	347,194	»
842,076	528,352	1,370,028	352,740	679,800	1,032,540	338,088	»
911,185	565,888	1,478,073	375,735	757,386	1,133,121	344,952	»
982,603	605,994	1,588,597	398,580	840,402	1,238,982	349,615	»
1,022,576	619,319	1,641,895	398,580	929,231	1,327,811	314,084	»
1,065,346	633,575	1,698,921	398,580	1,024,276	1,422,856	276,065	»
						3,843,762	»

Dressé par l'Ingénieur en chef soussigné,

Paris, le 12 mars 1860.

A. ALPHAND.

H.

3ᵉ TABLEAU.

Les deux réseaux (ensemble 350 kilomètres.)

Ce tableau confond les deux réseaux de la zone nouvelle et, réduisant les pertes de l'un par les bénéfices de l'autre, il indique, pour chaque année (colonne 4), l'excédant des pertes et (colonne 5) l'excédant des bénéfices.

Les bénéfices probables, d'après nous, excéderaient les pertes, comme l'indique le tableau, d'une somme de 1,242,463 fr.

RÉCAPITULATION des bénéfices et des pertes du service du gaz dans la zone annexée, du 1ᵉʳ janvier 1861 au 31 décembre 1872.

ANNÉES.	RÉSEAU CANALISÉ. Bénéfices actuels après prélèvement de 9 0/0 du capital.	RÉSEAU A CANALISER Pertes annelles après prélèvement de 9 0/0 du capital.	PERTES ANNUELLES sur l'ensemble des deux réseaux.	BÉNÉFICES ANNUELS sur l'ensemble des deux réseaux.
1861......	141,035	147,062	6,027	»
1862......	189,853	282,842	92,989	»
1863......	238,671	366,019	127,348	»
1864......	287,490	363,806	76,316	»
1865......	336,322	359,635	23,313	»
1866......	391,272	354,400	»	36,872
1867......	446,223	347,194	»	99,029
1868......	501,173	338,088	»	163,085
1869......	556,122	344,952	»	211,170
1870......	611,071	349,615	»	261,456
1871......	666,021	314,084	»	351,937
1872......	720,972	276,065	»	444,907
			325,993	1,568,456
			1,568,456	
			325,993	
		Bénéfice.....	1,242,463	

Paris, le 12 mars 1860.

Dressé par l'Ingénieur en chef soussigné :

A. ALPHAND.

I.

BÉNÉFICES présumés sur le Réseau parisien en 1872.

(Note remise par la Compagnie, emploi du capital de 27,500,000 fr.)

---

	fr.	fr.
La Compagnie Parisienne d'éclairage et de chauffage par le gaz demande l'autorisation d'augmenter son capital en actions de............................	....	27,500,000
L'éclairage de la zone annexée nécessitera, d'après la note envoyée à l'administration, une dépense de....	17,657,000	
Dans laquelle les usines et la canalisation de la banlieue actuellement établies par la Compagnie Parisienne figurent pour........................	4,433,300	
Il reste à dépenser dans la zone annexée...........	13,223,700	13,223,700
Sur le capital de 27,500,000 francs, il restera donc, pour faire face aux dépenses de canalisation d'usines, nécessitées par l'accroissement de consommation dans le périmètre ancien de Paris, ci.........	....	14,276,300
La canalisation actuelle nécessitera le remplacement de tous les tuyaux d'un diamètre inférieur à 0^m,081 et le changement de diamètre d'une partie des tuyaux d'un diamètre supérieur, soit ensemble 100,000 mètres à 17 francs....................	1,700,000	
Les projets des boulevards et rues qui seront ouverts présentent un développement de 45,000 mètres, la canalisation devant être double sur la plus grande longueur de ces voies, le développement des conduites peut être évalué à 70,000 mètres.		
Cette canalisation devra être en gros diamètres et coûtera 30 francs le mètre, ci....................	2,100,000	
Dépenses de canalisation.....................	3,800,000	3,800,000
Reste pour le développement des usines, ci..........	....	10,476,000
	m. c.	
Cette somme permettra d'augmenter la puissance de fabrication de................................	20,952,000	
A reporter..............	20,952,000	

	m. c.		
Report	20,952,000		

Pendant l'année 1858, la consommation de gaz dans l'ancien Paris a été :

	m. c.		
Savoir : Éclairage particulier	38,782,000		
id. · public	6,217,000		
Pertes par les conduites	7,083,000	52,082,000	

Quand le nouveau capital sera épuisé, soit en 1872, elle sera de **73,034,000**

Supposons qu'elle se partage ainsi qu'il suit :

1° Éclairage particulier **54,832,100**

2° Éclairage public eu égard à 70,000 mètres cubes d'augmentation, de canalisation, à une consommation de 140 litres à l'heure par bec et au rapprochement de quelques lanternes **10,160,000**

3° Pertes **8,041,900**

Total égal **73,034,000**

	fr.	c.
Le prix de revient du gaz étant de 0 fr. 135 par mètre, la dépense sera donc de	9,859,590	»

Les produits seront :

	fr.	
1° 54,832,100 m. c. à 0 fr. 30 c.	16,449,630	
2° 10,160,000 m. c. à 0 fr. 15 c.	1,524,000	17,973,630 »

Bénéfice restant	8,114,040	»

Prenons pour la zone annexée les mêmes résultats en 1872 qu'en 1871. Ils sont indiqués dans la note ; il y aurait perte de . . . . 506,882 »

Reste	7,607,158	»

Mais il faut porter en ligne de compte le prélèvement de 9 p. 0/0 . . . . 1,589,105 »

Bénéfice final	9,196,263	»
Prélévement de 10 p. 0/0 du capital	8,250,000	»

Reste à partager avec la Ville	946,263	»

Soit pour chaque part	473,131	50
L'intérêt de la dette est de . . . . -	431,000	»

Reste pour amortissement	42,131	50

		m. c.
La consommation totale de gaz, suivant l'hypothèse admise, serait, à l'époque où le capital nouveau sera épuisé, de................................	....	94,606,973
Savoir :		
1° Pour Paris..............................	73,034,000	
2° Zone annexée...........................	21,572,973	
Total égal.....	94,606,973	

Vu par l'Ingénieur en chef soussigné, pour être joint à son rapport en date de ce jour.

Paris, le 12 mars 1868.

A. ALPHAND.

K.

Bénéfices présumés sur le réseau parisien limité à la concession actuelle faite à la Compagnie Parisienne.

---

	mètres cubes.
La consommation du gaz de la Compagnie Parisienne s'est élevée, en 1858, à l'intérieur de Paris, à............................	52,487,280

dans lesquels l'éclairage public entre pour..............	6,217,000	
les pertes pour...................................	7,084,428	
TOTAL.................	13,301,428	13,301,428

	mètres cubes.
La différence, représentant l'éclairage privé, s'élève à.............	39,185,852

En supposant que l'éclairage privé se développe comme il l'a fait, dans des circonstances normales, de 1846 à 1855, de 7 p. 0/0 par an, la consommation des abonnés s'élèvera, en 1872,

	mètres cubes.
à $\dfrac{7 \times 14 \times 39,185,852}{100} + 39,185,852 =$	77,587,987

A la même époque, le réseau canalisé de Paris, qui est aujourd'hui de 520,000 mètres, et qui devra être augmenté de 71,000 mètres pour éclairer les voies nouvelles projetées par la Ville de Paris, aura atteint un développement de 591,000 mètres.

	mètres cubes.
Les pertes calculées, dans Paris, à 13 fr. 70 c. par mètre linéaire de conduites, seront par conséquent de..............................	8,096,700

En supposant, comme l'Administration en a le projet, que la distance des lanternes soit réduite en moyenne, d'ici en 1872, à 25 mètres, le nombre total des lanternes s'élèvera à 23,640.

Les lanternes devront être toutes munies de becs de deuxième série, consommant 511 mètres cubes par an; la consommation de l'éclairage public sera alors de 511 × 23,640 = ...	12,080,040
La consommation totale du gaz, en 1872, serait donc égale à.......	97,764,727

Le gaz revenant à la Compagnie, tout droit payé, comme nous l'avons établi dans notre rapport, à 0,127 le mètre cube, le coût de la fabrication de 97,764,727 mètres cubes de gaz sera de................................ **12,416,120** *francs.*

Les produits seront :

	francs.	
1° 77,587,987 mètres cubes éclairage privé, à 0,30....	23,276,396	
2° 12,080,040 mètres cube, éclairage public, à 0,15...	1,812,006	
TOTAL..................	25,088,402	25,088,402

BÉNÉFICE RESTANT................ **12,672,282**

Mais il faut déduire de ce bénéfice la somme nécessaire à l'amortissement du capital de premier établissement qu'exige une production de gaz de 97,764,727 mètres cubes, le capital social de 55,000,000 étant insuffisant pour fournir des produits aussi importants.

Pour arriver à produire le volume de gaz fabriqué en 1858, la Compagnie a porté ses dépenses en capital à.... **71,095,694** *francs.*

il faut déduire de ce chiffre :

1° La valeur des terrains non encore utilisés et réservés pour les agrandissements futurs des usines........................ *francs.* **359,771**

2° La plus-value qu'une partie de ces terrains, susceptibles d'aliénation, recevra des ouvertures de voies nouvelles, plus-value que la Compagnie estime (voir le compte rendu du 26 mars 1859) à...................... **6,000,000**

3° La somme afférente au capital de premier établissement pour la production du gaz dans la banlieue, qui, sur les bases posées par la Compagnie, s'élève à.............. **4,433,300**

TOTAL A DÉDUIRE........ 10,793,071 | 10,793,071

RESTE............ **60,302,623**

Déduisant le capital social......................... **55,000,000**

Reste pour les dépenses de premier établissement afférentes à l'augmentation de consommation du gaz dans Paris jusqu'en 1858.................................. **5,302,623**

A reporter............ 5,302,623 | 12,672,282

	francs.	francs.
Reports..................	5,302,623	12,672,282

Pour le reste de la période ce capital s'accroîtra :

1° Pour un supplément de canalisation de 71,000 mètres cubes, à 17 francs, de....... — 1,207,000 francs

2° Pour un supplément de production de gaz de 45,277,447 mètres cubes, à 500 fr. par 1,000 mètres cubes, de.............. — 22,638,723

	francs.	
TOTAL...........	23,845,723	23,845,723

Le capital de premier établissement nécessaire à l'accroissement de consommation que nous prévoyons dans Paris, s'élèvera donc à............................ 29,148,346

La Compagnie demande à se procurer ce capital en augmentant le nombre des actions. Cette combinaison serait onéreuse pour la Ville, qui n'entre en partage dans les bénéfices qu'au delà d'un produit de 10 p. 0/0 du capital social; car il est évident que la Compagnie pourra trouver les ressources nécessaires soit par voie d'emprunt, soit en émettant des obligations à un taux qui sera loin d'atteindre 10 p. 0/0 pour l'amortissement et les intérêts. La Ville devra sans doute autoriser la Compagnie à augmenter son capital, si elle traite avec elle pour la banlieue, de toute la somme nécessaire au premier établissement des usines et de la canalisation de ce réseau; mais, pour le réseau ancien, nous croyons qu'elle ne doit permettre l'accroissement de capital nécessaire au développement de la production du gaz que par des emprunts et des émissions d'obligations.

En supposant que, par ce moyen, on commence en 1865 l'amortissement du capital de 29,148,346 francs, on aura, pour l'amortir, une période de quarante ans. En fixant l'intérêt annuel à 6 p. 0/0, la somme à inscrire annuellement aux dépenses d'exploitation, pour intérêts et amortissement des dettes de toute nature en 1872, sera de.............. 1,990,828

Reste..............	10,681,454
En prélevant 10 p. 0/0 pour le capital de 55,000,000..............	5,500,000
Il reste à partager avec la Ville...........................	5,181,454

Ce qui donne, pour la part de la Ville à prendre sur les bénéfices en 1872, dans le cas où le réseau concédé à la Compagnie Parisienne resterait dans ses limites actuelles.......................... 2,590,727

Dressé par l'Ingénieur en chef soussigné.

Paris, le 12 mars 1860.

A. ALPHAND.

L.

*Bénéfices présumés sur le réseau Parisien complet étendu
jusqu'à la banlieue.*

Nous avons trouvé dans la note précédente que le bénéfice du réseau
Parisien, dans les limites anciennes de la capitale, devait s'élever à..... 10,681,454^f »
D'autre part le tableau n° 3 (note H) donne pour le bénéfice de la ban-
lieue une somme de.. 1,242,463 »
Il faut d'ailleurs ajouter à ce bénéfice les intérêts du capital de 1er éta-
blissement à 9 p. 0/0 figurant dans les tableaux F et G, savoir :
Tableau F....... .... 1,006,868 »
Tableau G.................................. 633,575 »

1,640,443 »	1,640,443 »

Le bénéfice total du réseau, sans intérêts du capital, s'élève donc à... 13,564,360 »

Le capital de 1er établissement pour la banlieue s'élève (Tableau F) à.. 11,187,427 »
(Tableau G) à.. 7,039,728 »

Total............. 18,227,155 »

Soit.. 18,500,000 »
qui, ajoutés au capital primitif................................. 55,000,000 »

le portent à................................. 73,500,000 »

En déduisant du chiffre de................................. 13,564,360 »
le prélèvement de 10 p. 0/0 du capital de 73,500,000 fr.............. 73,500,000 »

Reste à partager avec la Ville................................. 6,214,360 »

Ce qui donne pour la part de la Ville dans cette dernière hypothèse ... 3,107,180 »

Dressé par l'Ingénieur en chef soussigné,
Paris, le 12 mars 1860.
A. ALPHAND.

NOTE

SITUATION DE LA COMPAGNIE DE L'ÉCLAIRAGE DU NORD.

Le capital social de la Société d'éclairage du Nord qui a, dans son réseau, les communes de Batignolles, Montmartre, la Chapelle, Saint-Denis et Clichy, est formé de 6,000 actions de 500 francs; 200 actions étant restées à la souche, le capital émis n'est que de...2,900,000ᶠ »

La Société est grevée d'emprunts qui figurent au dernier bilan du 31 mars 1859, pour................... 549,800ᶠ »

Les livres de la Compagnie constatent qu'il a été amorti depuis cette époque............................. 43,000 »

Reste......... 506,800 »

Les intérêts non payés de ces emprunts figurent au dernier bilan pour........... 121,140ᶠ ·»

Il a été amorti depuis................. 33,120 »

Reste...... 88,020 » — 88,020 »

Le montant total des emprunts en principal et intérêts, s'élève donc à .... 594,820 » — 594,820 »

La Compagnie du Nord a d'autres charges. Elle doit pour travaux d'augmentation de matériel............. 252,234 35

Sur quoi il a été payé avec les bénéfices du dernier exercice et d'autres ressources accessoires........... 129,899 14

Reste.......... 122,345 21 — 122,345 21

Ce qui porte le passif de la Société, y compris le capital social de 2,900,000 fr. à 3,617,165 21

Le gérant, M. Briziou, nous a toutefois déclaré qu'une partie importante de la dette flottante de 122,345 fr. 20 c. serait couverte par les bénéfices du prochain exercice qui doit se terminer le 1ᵉʳ avril prochain.

L'année sociale de la Compagnie commence le 1ᵉʳ avril pour finir le 31 mars suivant. Pendant l'exercice terminé le 1ᵉʳ avril 1859 qui est le dernier dont nous ayons pu vérifier les produits et les dépenses sur les livres de la Société, il a été produit un volume de gaz,

	m. c.
s'élevant à	3,593,000 »
les pertes ont monté à	981,561 »
Et les ventes à	2,611,439 »

Ce gaz a été fabriqué dans les deux usines de la Société, à Batignolles et à Saint-Denis, avec 197,643 hectolitres de houille au prix de 2 fr. 55 c. y compris un droit d'octroi de 3 fr. par tonne, payé à la commune des Batignolles.

Les recettes se sont élevées à la somme de 1,117,509 fr. 49 c. ainsi répartie :

Vente du gaz..............	818,260ᶠ 12	
Produits divers...........	30,625 34	
Total........	848,885 46	848,885ᶠ 46
Sous-produits : coke	240,266ᶠ 72	
Goudrons, divers......	28,353 31	
Total........	268,620 03	268,620 03
Total pareil.............		1,117,505 49

Les dépenses de l'exercice ont atteint 761,155 fr. 28 c., à savoir :

1º FABRICATION.

Distillation...................................	501,203ᶠ 89	
Chauffage....................................	78,111 53	
Main-d'œuvre	64,728 29	
Résine.......................................	2,665 20	
Total.............	646,708 91	646,708 91
À reporter.........		646,708 91

| | Report.......... | 646,708 | 91 |

2° EXPLOITATION.

Allumage....................................	18,322	40
Entretien des conduites des usines et des appareils...	20,364	75
Frais généraux, personnel	55,555	»
Frais divers.................................	20,020	17
Réduction sur les quittances...................	184	05

Total..........	114,446	37	114,446	37

Total pareil..........	761,155	28

La différence entre les recettes...............................	1,117,505	49
Et les dépenses.............................	761,155	28

Est de...................................	356,350	21
D'où, en déduisant le solde des profits et pertes................	5,331	07

Reste pour bénéfices..........	351,019	14

Soit environ 9 1/2 p. 0/0 du capital engagé dans l'opération qui s'élève à 3,617,165 fr. 21 c.

Ce bénéfice a d'ailleurs été employé de la manière suivante :

Amortissement des emprunts..................................	71,120	»
Dividende aux actionnaires..................................	150,000	»
Solde employé à payer le découvert...........................	12,899	14

Total pareil.............	351,019	14

En 1859, le gaz vendu a été réparti dans les communes du réseau de la manière suivante :

	ÉCLAIRAGE PARTICULIER.		ÉCLAIRAGE PUBLIC.	
Batignolles..........	à 0f 40	1,009,345	à 0f 258	171,519
Montmartre..........	à 0f 30	626,593	à 0f 15	132,605
La Chapelle	à 0f 40	359,096	à 0f 259	90,873
Saint-Denis..........		274,157		52,088
Clichy.............		50,916		10,056
		2,320,107		457,141

Le traité de Montmartre devant être résilié par suite de l'annexion, et cette commune entrant pour plus du quart dans la consommation totale du réseau, les bénéfices, par rapport au capital, seront donc notablement diminués le jour où cette résiliation sera opérée.

La canalisation de la Compagnie a atteint aujourd'hui un développement de 68,821^m, ainsi décomposée :

Batignolles	20,668^m	»
Montmartre	12,293	»
La Chapelle	11,294	»
Saint-Denis	7,385	»
Clichy	3,311	»
Total	55,951	» 55,951^m »
Chemin de l'Ouest, conduite spéciale	2,567	»
Conduite reliant l'usine de Saint-Denis à La Chapelle	5,659	»
Total au 31 mars 1859	64,577	»

Conduites posées depuis :

Rues Balagny et Marcadet	2,212^m	»
Sur divers points du périmètre	2,432	»
Total	4,644	» 4,644 »
Total pareil	68,821	»

La Compagnie justifie de la manière suivante de l'emploi de son capital :

Valeur primitive des immeubles des usines avec leurs dépendances	2,159,714^f	»
Dépenses de constructions	76,166	67
Travaux de canalisation	1,202,052	54
Branchements d'abonnés	139,726	01
Installation d'appareils	86,582	04
Total	3,664,241	26

En estimant les conduites et les usines sur les bases adoptées dans notre rapport sur les propositions de la Compagnie Parisienne, ce capital ne devrait s'élever qu'à 3,055,123, 05 ainsi répartis :

68,821 mètres cubes de canalisation à 15 fr. à cause du faible diamètre moyen et du défaut de drainage....................................	1,032,315	»
Usines d'une puissance productive de 3,593,000 mètres cubes de gaz à 500 fr. pour 1,000 mètres cubes................................	1,796,500	»
Branchements..	139,726	01
Appareils...	86,582	04
Total...............	3,055,123	05

S'il s'agissait, toutefois, d'une résiliation et d'un rachat de matériel, il faudrait faire subir aux chiffres qui précèdent une notable diminution à cause du mauvais état des immeubles et du matériel ; d'autre part, il y aurait à ajouter une certaine somme pour tenir compte à la Compagnie de la privation de bénéfices pendant quatre ans, dans les communes dont les traités ne sont pas résiliés par l'annexion.

Il ne nous appartient point de résoudre ces questions pour la solution desquelles nous avons fourni les documents qui précèdent.

Paris, le 12 mars 1860.

L'Ingénieur en chef,

A. ALPHAND.

Paris, Imprimerie de Paul Dupont, rue de Grenelle-Saint-Honoré, 45.

IMPRIMERIE ADMINISTRATIVE DE PAUL DUPONT,

Rue de Grenelle-Saint-Honoré, 45.

www.ingramcontent.com/pod-product-compliance
Lightning Source LLC
Chambersburg PA
CBHW071400030726
47594CB00002B/785